グローバル・ロジスティクス・ネットワーク

～国境を越えて世界を流れる貨物～

柴崎　隆一　編
アジア物流研究会　著

成山堂書店

本書の内容の一部あるいは全部を無断で電子化を含む複写複製
（コピー）及び他書への転載は、法律で認められた場合を除いて
著作権者及び出版社の権利の侵害となります。成山堂書店は著
作権者から上記に係る権利の管理について委託を受けています
ので、その場合はあらかじめ成山堂書店（03-3357-5861）に
許諾を求めてください。なお、代行業者等の第三者による電子
データ化及び電子書籍化は、いかなる場合も認められません。

世界の海上輸送

▲ スエズ運河を航行するコンテナ船（⇒第2章、第4章）

▲ 揚荷中の原油タンカー（⇒第3章）（出所：出光タンカー株式会社）

▲ 自動車航送船と専用貨車（ロシア・ザルビノ港）（⇒第8章）

▲ 空間が高度に利用されているコンテナターミナル（香港モダンターミナル）（⇒第2章）

▲ AISデータに基づくコンテナ船の就航状況（⇒序章、第2章、第4章）（出所：Seasearcher）

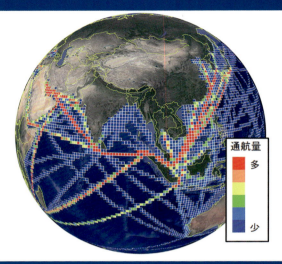

▲ 原油タンカーの通航量分布（2010年）（⇒第3章）

◀ パナマ運河新閘門を通過する LNG船（⇒第3章、第4章）

▼ 自動化コンテナターミナル（名古屋港飛島地区）（⇒第2章）

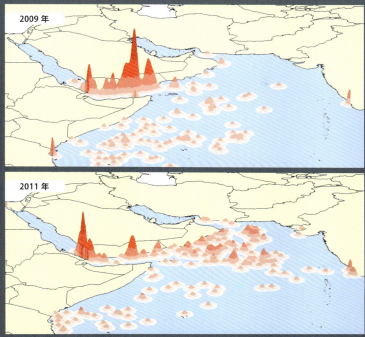

▲ ソマリア周辺海域における海賊多発地帯（ホットスポット）（⇒第5章）

▲ マチリパトナム港開業による国際海上コンテナの陸上フローの変化予測シミュレーション（⇒第11章）

世界の陸上貨物輸送

◀ アフリカ国境地域の未舗装
区間を走るトラック
（⇒第13章）

▲ アラメダ・コリドーを走行するダブルスタック・
トレイン（⇒第12章）

▲ チャイナ・ランドブリッジの起点・連雲港
（⇒第7章、第9章）

▲ ザンベジ川をフェリーで渡るトラック（⇒第13章）

発刊にあたって

　柴崎隆一先生を代表編者とした執筆陣が、地球スケールで広がる広域物流ネットワークの書籍を出版されました。海上輸送はもとより、ユーラシアや北米など大陸横断の陸上輸送の実態がつぶさに述べられています。とくにスエズ運河、パナマ運河、北米やシベリアの大陸横断鉄道などの歴史的展開から、最近中国が進めている「一帯一路」構想や地球温暖化によって期待される北極海航路といったきわめて現代的プロジェクトまで、世界中の広域物流ネットワークがきわめて網羅的に、かつ、つぶさに紹介されているところが特長です。物流ネットワークの世界の実際をこれほど広域にわたって俯瞰的に眺めることのできる書籍は他に見当たりません。

　この「俯瞰性」は、国土や交通に関して実務上も教育上も強く要請されることがらである反面、研究においてはもっとも欠けている点でした。研究では、視点がどうしても細部へ細部へと入り込んでしまいます。現象の観察・分析の局面でも、分析結果を理論化する局面でも、つい精緻化を指向する結果、大局をつかみ、施策や政策を戦略的に進めることが疎かになってしまうのです。かたや隣国中国では、「一帯一路」というメガロスケールの交通プロジェクトが推進されつつあります。また、物流ではありませんが、中東のイスラム社会は混迷と混乱を極め、世界では難民が怒涛のごとく移動しています。いま、交通研究分野に求められるのは、現象理解における「俯瞰性」とそれに基づいた大局的な「戦略立案能力」ではないでしょうか。

　そのような視点からみて、柴崎先生をはじめとした著者には、今後もさらなる研究の推進とともに、政策立案・展開に大きく寄与する大胆な提言を期待して止みません。

　2019 年 1 月

政策研究大学院大学教授・東京大学名誉教授

家田　仁

本書は、JSPS 科学研究費 18HP5238 の助成を受けて出版したものです。

　また、本書に掲載した内容の一部は、JSPS 科学研究費 25289159 および 17H03327 の助成を受けて実施したものです。とくに各地で現地調査を実施するにあたっては、国際協力機構（JICA）の皆様をはじめここに書ききれないほど多くの方々にご協力・ご支援をいただきました。心より感謝申し上げます。

2019 年 1 月

編著者

目　次

発刊にあたって

序 ………………………………………………………………………………… *1*

第 1 章　グローバル・ロジスティクス・ヒストリー （柴崎 隆一） ……………… *5*
1-1　貿易の起源：ローマ時代まで …………………………………………… *5*
1-2　イスラム商人の時代（7〜15 世紀） ………………………………… *8*
1-3　大航海時代以降 …………………………………………………………… *13*
1-4　おわりに：現代、そして未来 ………………………………………… *20*

第 1 部　世界の海上輸送
第 2 章　コンテナ輸送の過去・現在・未来 （古市 正彦） ………………………… *24*
2-1　コンテナ輸送の発展と特徴 …………………………………………… *25*
2-2　コンテナ輸送の今日的課題 …………………………………………… *29*
2-3　コンテナの背後圏／前方圏輸送 ……………………………………… *36*
2-4　コンテナ輸送の未来の姿 ……………………………………………… *39*

第 3 章　世界のエネルギー輸送 （鳥海 重喜） …………………………………… *45*
3-1　エネルギー資源の生産・消費・輸送の動向 ………………………… *47*
3-2　チョークポイント比率による輸送リスクの評価 …………………… *50*
3-3　最適な輸入量と輸送方法の組み合せ ………………………………… *57*

第 4 章　世界貿易を支える 2 大運河：スエズ運河とパナマ運河 （柴崎 隆一） …… *60*
4-1　世界海運のチョークポイントと 2 大運河 …………………………… *60*
4-2　スエズ運河の現状と展望 ……………………………………………… *61*
4-3　パナマ運河の現状と展望 ……………………………………………… *65*
Column1　パナマ運河拡張後のパナマックス船の行方 ………………… *72*

第5章　海賊対策：
**　　　　グローバル・ロジスティクス・リスクへの対応**（渡部 大輔）…………74
5-1　現代の海賊問題 ……………………………………………………………74
5-2　ソマリアの海賊活動の変遷を可視化する ………………………………78
5-3　今後の展望：世界から海賊がいなくなる日はくるか？ ………………81

第6章　北極海航路：新しい航路への期待（石黒 一彦）………………………85
6-1　北極海を通過する2つの航路 ……………………………………………85
6-2　北極海航路が注目される理由 ……………………………………………87
6-3　北極海沿岸域の資源開発と輸送 …………………………………………91

第2部　世界各地の陸上貨物輸送
第7章　チャイナ・ランドブリッジ：一帯一路構想の行方（町田 一兵）…………96
7-1　新たな段階に入った中国の交通インフラ整備 …………………………96
7-2　陸上交通インフラの拡張と中国の戦略 …………………………………100
7-3　新シルクロード構想の先にあるもの ……………………………………110
Column2　卸売に特化した物流のまち臨沂（柴崎 隆一）……………………114

第8章　シベリア・ランドブリッジ：
**　　　　欧亜にまたがる国土を活かすロシア**（新井 洋史）……………………116
8-1　シベリア・ランドブリッジの概要 ………………………………………116
8-2　シベリア・ランドブリッジの仕組み ……………………………………118
8-3　展望と課題 …………………………………………………………………123
Column3　ロシアの鉄道整備と地域開発（鳩山紀一郎）……………………127

第9章　中央アジア：世界最大の陸封地域（柴崎 隆一・新井 洋史・加藤 浩徳）……130
9-1　どうやって海港にアクセスするか？ ……………………………………130
9-2　カザフスタン：一帯政策の影響をもっとも受ける国 …………………135
9-3　ウズベキスタン、トルクメニスタンとカスピ海沿岸地域 ……………140
9-4　フェルガナ盆地：複雑な国境線を持つ穀倉地帯 ………………………143

9-5　山岳地域のインフラ整備：中国、キルギス、タジキスタン、パキスタン
……………………………………………………………………………………… *146*

Column4　カスピ海沿岸のカザフスタン・アクタウ港とクリク港 ………… *150*

第10章　東南アジア：GMS 回廊とメコン川の利用可能性（柴崎 隆一）……… *152*
10-1　GMS 東西回廊とその将来性 ……………………………………………… *152*
10-2　GMS 南部回廊 中・東部：カンボジア発着貨物を中心に
　　　〜河川輸送のポテンシャルはどの程度か？〜 ……………………… *157*
10-3　GMS 南部回廊 西部：バンコクのゲートウェイ港湾をめざすダウェー
……………………………………………………………………………………… *166*

第11章　南アジア：成長の鍵を握る物流（柴崎 隆一・川崎 智也）……………… *169*
11-1　インド：巨大内陸都市から港湾へのアクセスをどう確保するか？ ‥ *169*
11-2　バングラデシュ：道路、鉄道、内航水運 ……………………………… *183*

第12章　北米大陸：大陸横断鉄道のさきがけ（柴崎 隆一・松田 琢磨）………… *187*
12-1　インターモーダル輸送ネットワークとダブルスタック・トレイン ‥ *188*
12-2　インターモーダル輸送と海上輸送の分担 ……………………………… *193*

第13章　アフリカ：経済回廊開発と内陸国（川崎 智也・柴崎 隆一）…………… *200*
13-1　東アフリカ：北部回廊と中央回廊の内陸国貨物の獲得競争 ………… *200*
13-2　南部アフリカ：東西南に通じる内陸国からの海上輸送アクセス
　　　〜ザンビアを例に〜 ……………………………………………………… *210*
Column5　アフリカの角における港湾選択：インフラ開発と国交正常化 ‥‥ *219*

終わりに ………………………………………………………………………………… *222*

索　引
執筆者一覧

序

　国際物流（グローバル・ロジスティクス）は、近年ますますグローバル化（世界レベルの緊密化）が進む世界各国の経済活動を支える、重要な機能のひとつです。貨物（モノ）の流れを意味する物流は、人びとの日常活動を支える旅客交通とともに、物理的な移動（交通）を構成する要素です。交通は、これら人びとの活動や経済活動を行うために必要不可欠で付随的（派生的）な活動として、本来行いたい活動である本源需要と区別し、派生需要とよばれます。旅客交通の場合は、趣味でドライブや鉄道旅行を楽しむ場合もありますが、貨物自身が意思を持たない物流には、そうした本源需要としての側面はありません。

　したがって、物流を理解するためには、経済活動、とくに他の地域とのやりとりを意味する交易・貿易への理解が必須です。世界的な物流（グローバル・ロジスティクス）を理解するためには、グローバルな経済活動・貿易への理解が必須となります。そこでまず、本書のイントロダクションとして、**第1章**で貿易・国際物流の歴史（グローバル・ロジスティクス・ヒストリー）を簡単にたどり、世界史上において物流が世界経済・政治にどのような影響を与えてきたかについて概観します。

　グローバル・ロジスティクスの中心は、安価に大量の貨物を輸送できる船舶を利用した海上輸送によって担われています。本書の前半（**第1部**）では、世界の海上輸送に着目します。現状の世界貿易の中心は、図序.1 に示すとおり、北米、欧州、東アジアの3地域です。これらの地域を結ぶ海上輸送ルートは基幹航路とよばれ、工業製品や半製品が主要品目のひとつであり、これらの品目はおもに国際海上コンテナを積載したコンテナ船によって輸送されています。各船舶に設置された AIS（自動船舶識別装置）データに基づく世界のコンテナ船の就航状況（図序.2）をみれば、多くのコンテナ船が、この基幹航路沿い（北米〜東アジアを結ぶ太平洋、北米〜欧州を結ぶ大西洋、欧州〜東アジアを結ぶ地中海およびインド洋付近）を航行していることがわかります。ま

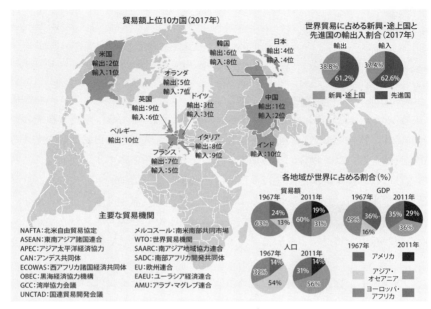

図序.1　世界貿易の現状
(出所：WTO 等より作成)

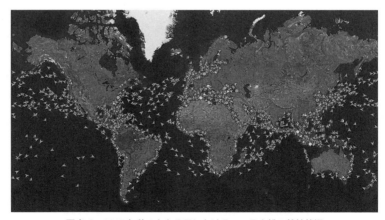

図序.2　2017 年秋のとある日におけるコンテナ船の就航状況
(出所：Seasearcher)

た、世界の主要コンテナ港湾についても、その多くは基幹航路沿いに位置しています（第4章の図4.1参照）。**第2章**で、海上コンテナ輸送の出現経緯、現代的な話題、今後の展望について詳しくみていきます。

　一方で、世界的にみて、産出国が特定の地域に偏っている資源（原油、天然ガス、石炭、鉄鉱石など）を生産地から需要地まで大量輸送することも、海上輸送の使命のひとつです。**第3章**では、原油および天然ガスといったエネルギー資源の輸送に着目し、現在の輸送状況や航海上のリスク（チョークポイント）を考慮した輸入計画について紹介します。

　さらに**第4章**では、第2、3章で紹介したコンテナ輸送やエネルギー資源輸送を含む、さまざまな海上輸送における主要なチョークポイントにも数えられる、世界の2大人工運河（スエズ運河・パナマ運河）の現状と今後の展望を紹介します。続く**第5章**では、航海上のリスクのなかでも影響の大きい海賊問題についてとりあげ、近年もっとも注目されたソマリア沖の海賊を中心に、時系列変化を含めた地理的な分析を試みます。さらに、前半最後の**第6章**では、東アジア～欧州間基幹航路の短絡ルートとして注目されると同時に、当該海域（北極海）での資源開発の観点からも現在注目されている、北極海航路をとりあげます。

　本書の後半（**第2部**）では、世界各地の陸上貨物輸送をとりあげます。海上輸送がグローバル・ロジスティクスの中心となる輸送手段だったとしても、貨物の発生地や最終目的地が沿岸部でない場合は、末端の輸送にはトラック、鉄道やパイプラインなどの陸上輸送が必須です。また、日本にいると想像しにくいですが、場合によっては、大陸横断などの長距離輸送を陸上輸送が担うこともあります。そこで本書では、このような日本の読者にとってあまり馴染みのない長距離陸上輸送にもうひとつの焦点をあてます。**第7章・第8章・第9章**では、中国の一帯一路政策により再び脚光を浴びている、ユーラシア大陸の横断輸送（ユーラシア・ランドブリッジ）について、中国（第7章）、ロシア（第8章）、中央アジア（第9章）それぞれの観点から、現状や今後の展望を整理します。このうち第9章では、ランドブリッジ輸送だけでなく、世界最大の陸封地域（Landlocked Countries：海のない国、地域）である中央アジア地域を発着する貨物という観点から、それらの海上輸送（輸出入港湾）への

アクセスについてもとりあげます。さらに、**第12章**では、ランドブリッジの元祖ともいえる北米大陸のランドブリッジ輸送をとりあげます。

　一方で、第9章（中央アジア）の説明で触れるように、海港から遠く離れた陸封国・地域からの海上輸送へのアクセスは、世界各国・地域でそれぞれ実態が異なります。**第10章**では、日本人にとって比較的馴染みのある東南アジアを対象に、インドシナ半島（ベトナム、ラオス、カンボジア、タイ、ミャンマー）のメコン川流域を対象に展開される、GMS（大メコン圏）回廊の実状を紹介し、展望を述べます。また**第11章**では、南アジア地域（インド、バングラデシュ）を対象に、首都のデリーやダッカ、あるいはインド内陸都市から海港へのアクセスについてとりあげます。最後に、**第13章**では、中央アジアと並び多数の内陸国を含む地域であるアフリカ大陸をとりあげ、とくに筆者らが最近現地を訪れた東部および南部アフリカ地域について、国際陸上輸送の現状をとりあげます。

　また、いくつかの章では、各章の著者による現地調査に基づく実態の紹介や、今後の展望に関する見解を述べるとともに、それぞれの著者が独自に作成した数値シミュレーションモデル等を用いて、今後鍵になると予想される政策のシミュレーション結果なども示しています。ただし本書では、読みやすさを考え、モデルの詳細等は省略し、結果を簡潔に紹介するにとどめていますので、モデル自身に関心のある読者は、各章末の参考文献に記載している各章の著者の公表論文等を読まれることをお勧めします。

　なお、本書では紙面の都合上扱うことができませんでしたが、とくに高級消費財などの高価な品物、あるいは医薬品、生鮮食品、一部の自動車部品など非常に急ぐ貨物および腐りやすい貨物については、航空輸送が利用される場合もあります。これについては、また別の機会にとりあげたいと思います。

　では、さっそく中身に入りましょう。

第 1 章

グローバル・ロジスティクス・ヒストリー

　本章では、第2章以降で現代の国際物流を取り巻くさまざまな事項について解説する前段として、貿易と国際物流の歴史（グローバル・ロジスティクス・ヒストリー）をその起源から近代まで簡単にたどり、貿易と物流が、世界経済・政治に対して歴史的にどのような影響を与えてきたかを概観します。

1-1　貿易の起源：ローマ時代まで

　物々交換による交易の歴史は、人類誕生のときからはじまっていたといっても過言ではないでしょう。もう少し組織だった貿易の起源については、たとえばバーンスタイン[1] は紀元前4000〜3000年頃としています。つまり、チグリス川とユーフラテス川に挟まれた世界最古の文明とされるメソポタミア地域で、農耕技術が発達し余剰生産物が生じて支配階級が登場し、青銅器時代に入った時期をさしています。

　武器や農具、装飾具として利用された青銅器を精錬するためには、原料となる銅や錫を入手する必要があります。勢力圏内にこれらの産地が存在しないメソポタミアでは、遠方から銅や錫を輸送する必要がありました。このうち銅については、主要な産地のひとつがアラビア半島南部に位置するマガン（現在のオマーン、アラブ首長国連邦）であり、マガン・ボート（図1.1左）とよばれる多くの帆船がペルシャ湾（アラビア湾）内を行き交っていました。マガンで産出される銅とメソポタミア産の穀物は、現在のバーレーンにあったと考えられている交易都市ディルムンで取引されていました（図1.2）。なおディルムンは、やや後のインダス文明の時代（紀元前25〜18世紀頃）には、これらの地域とも交流があったと考えられています。自地域では入手できない物資を遠方から輸送することが物流のひとつの基本形だとするならば、賦存地域の偏る鉱産資源の入手が必須となった青銅器時代は、まさにその定義からして貿易と物流の起源といえるでしょう[2]。

　もうひとつ、この時代から行われている交易・物流上の慣習として、印章

（シール）の利用をあげておきます。輸送容器の蓋を粘土で覆い、石でできた印章（図 1.1 右）を押し転がすことで内容物（貨物）を封印し、輸送途上での盗難を防止する機能を持たせていました。このような輸送容器の封印は、たとえば現在のコンテナ輸送でも行われています。

　古代文明のもう一方の盟主であるエジプトについても触れておきましょう。ルクソールに現存するハトシェプスト女王葬祭殿（図 1.3 上）には、エジプト

図 1.1　マガン・ボート（左）と円筒印章（右）
(出所：ピサ大学 Salut バーチャル博物館)

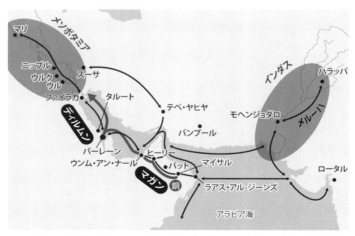

図 1.2　貿易の起源：メソポタミアの交易範囲とマガン、ディルムン
(出所：The Maritime History Podcast 等より作成)

女王ハトシェプストが紀元前15世紀に実施したプント遠征の様子が描かれています。これに先立つ紀元前19世紀には、紅海とナイル川を結ぶ運河が初めて開削されたと考えられています。ただしこの運河は、紅海と地中海を南北に結ぶ現在のスエズ運河と異なり、東西方向に建設されたものでした。ハトシェプストの遠征軍がこの運河を通ったか、ナイル川から紅海まで陸路で移動したかはわかりませんが、現在の紅海の南端、バブ・エル・マンデブ海峡付近の東アフリカまたはアラビア半島にあったと考えられるプント国から、この付近でしか採取できない乳香や没薬（ミルラ）などの香料や、象牙などの特産品を満載した5隻のガレー船で帰国する様子が、レリーフに描かれています（図1.3下）。

ハトシェプストの遠征隊が使用したガレー船は、現在のシリア・レバノン辺

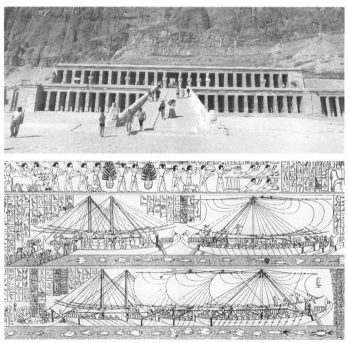

図1.3　ハトシェプスト女王葬祭殿（上）に刻まれたプント遠征のレリーフ（下）
（出所：（上）2012年筆者撮影、（下）Save-Soderbergh）

りをさすフェニキュアで産出される、良質の木材（レバノン杉）で建造されていました。フェニキュア人は、この特産品を背景に発展した造船技術と、メソポタミアとエジプトに挟まれた「肥沃な三日月地帯」の一角に位置するという地理的特性を活かし、エジプトの衰退以降は、地中海や紅海などの海上交易を1000年近くにわたり支配したと考えられています。

　その後ヘレニズム時代を経て、ローマ帝国が地中海地域にパクス・ロマーナ（ローマの平和）を実現した紀元前後までには、中国の絹やインドの胡椒などが地中海地域でも知られ、珍重されていました。「丸い船」とよばれる商船（ガレー船、図1.4左）により、ローマやその外港であるテベレ川河口のオスティアに立ち並ぶ倉庫（ホレア、図1.4右）にこれらの特産品が運びこまれました。一方で、土木技術等のローマの優れた技術を反映し優位にあった鉱産品やガラス、あるいは珊瑚などが東方へ輸出されました。また、これらの奢侈品や貴重品だけでなく、ワインや木材、水がめなども底荷（バラスト）として多く輸送されたと考えています。

　また、これに先立つ紀元前2世紀頃には季節風（モンスーン）を利用し、アラビア半島とインドの間のアラビア海を横断する航路が利用され始めました[3]。これにより、夏に南西から北東へ吹く季節風に乗りアラビア半島南端のアデン等から一気にインド亜大陸などへ東進し、冬に北東から南西へ吹く季節風に乗り帰路に着く、という一年周期の航海が行われるようになりました（図1.5）。アラビア海沿岸地域の港湾を辿る航海に比べ、アラビア海の横断は数週間程度しかかからない画期的な航路[(注1)]であり、交易の発展に大きく貢献したと考えられます。

1-2　イスラム商人の時代（7~15世紀）

　アラビア半島南端およびソマリア北部でしか採取されない乳香および没薬は、前述のとおり、メソポタミアやエジプト、地中海などの文明世界において、医療、衛生、祭祀等の目的で使用される貴重品でした。キリスト生誕の際

（注1）この季節風は、これを最初に利用したギリシャ人の名前をとり、「ヒッパロスの風」とよばれることもあります。ただし、インド人やアラビア人のほうがこの季節風をより以前から利用していたと考えられています[3]。

図 1.4　ローマ時代の商船（左）と倉庫（ホレア、右）
(出所：（左）船の科学館、（右）Sailko)

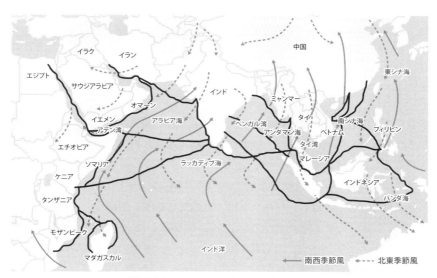

図 1.5　季節風を利用したインド洋（アラビア海）の横断航海
(出所：家島[4]、宮崎[5] 等より作成)

に東方の三賢人が贈った贈り物も、黄金と乳香、没薬でした。その輸送ルートは、紅海を通る海上輸送に加え、これらの香料の収穫期が春と秋で季節風があまり利用できなかったこともあり、紀元前10世紀頃にラクダが家畜化されると、アラビア半島の砂漠地帯を横断する陸路ルートも利用されるようになりました（図1.6）。この陸路に沿って点在するオアシスは交易都市として栄え、

図 1.6　アラビア半島南端からの乳香・没薬の輸送ルート
(出所：バーンスタイン[1]、家島[4]、ワット＆セラー[6] 等より作成)

宗教都市メッカもそのなかにありました。メッカで産まれたイスラム教創始者のモハメットも商人の出身で、その出自からイスラム教は「商人の宗教」とよばれることもあります。

　イスラム教世界の全盛期であるアッバース朝（750〜1517年）の時代はイスラム黄金時代とよばれ、ペルシャ湾、紅海を含むインド洋は、イスラム教徒（イスラム商人）による商業活動の内海となりました（図 1.7）。その勢力圏は、インド、東アフリカ、東南アジアなどへ及び、各地の沿岸に交易港湾都市が成立しました（図 1.8 上）。また、751年のタラス河畔（現在のキルギス領）の戦いで唐（中国）に勝利し、中央アジア（西トルキスタン）もイスラム勢力圏となった結果、陸のシルクロードもさらに発達し、サマルカンド（現ウズベキスタン、図 1.8 下）などの内陸都市も発展しました。

　ただし、当時のヨーロッパ（地中海）と中国、インドなどのアジアを結ぶルートとしては、上記の陸のシルクロードやエジプト・紅海を経由しインド洋へ抜けるルートについては山賊や海賊に遭うリスクが大きく、それへの対策（武装）費用や、あるいは砂漠や浅瀬などといった通行上の安全が問題になる

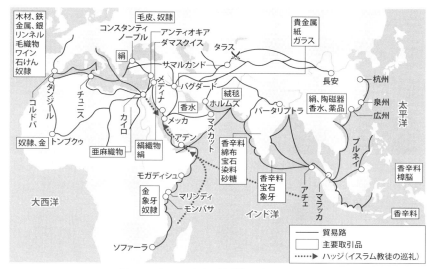

図 1.7　イスラム商人の活動範囲（7〜15 世紀）
(出所：「世界の歴史まっぷ」等より作成)

図 1.8　ザンジバル島（タンザニア）（上）とサマルカンドのレギスタン広場
（下）（出所：（上）2012 年、（下）2009 年筆者撮影）

図 1.9 中世の代表的帆船：現在も利用されるダウ（左）と復元されたジャンク（右）
（出所：（左）ザンジバルにて 2012 年筆者撮影、（右）門田修（海工房））

ことが多かったため、それよりも、シリアから陸路でアッバース朝の首都バグダッドを経由し、ペルシャ湾から海上に出てホルムズ海峡を経てインド洋に出るというルートがもっとも一般的（経済的）であったとされています。このルートを、アブー＝ルゴド[7]は、当時成立した創作物語の主人公の名をとって「シンドバッドの道」とよんでいます。

　聖地メッカへの巡礼（ハッジ）がイスラム教の重要な教義のひとつとされていたことも、イスラム圏における交通網の発展に寄与したと考えられています。イスラム時代の海上輸送は、紀元前後に登場したと考えられるダウとよばれる帆船によって担われていました（図 1.9 左）。鉄釘を使用しない縫合船であるダウは、大きな船はあまり多くなかったようですが、小回りの利く、柔軟で修理のしやすい構造をしており、現在でもアフリカなどで利用されています。これに対し、宋代（10 世紀〜）以降に中国で発達した船はジャンクとよばれ（図 1.9 右）、より大型で、後述する鄭和の遠征でも利用されました。

　13 世紀にモンゴル帝国がユーラシア大陸の大部分を統治し、次いで 14 世紀後半のティムール帝国が登場した時代には、交流の障壁が減り、通商が重視され、東西交流がさらに盛んになったと考えられています。マルコ・ポーロの東方見聞録が著されたのも、この時代です。

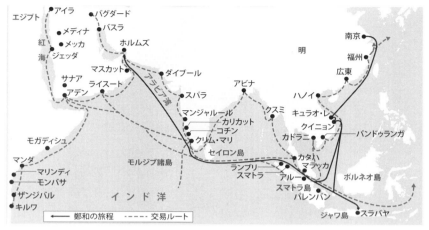

図 1.10　鄭和の遠征（15 世紀前半）
（出所：パーカー[2]、篠原[3]、家島[4] 等より作成）

1-3　大航海時代以降

（1）中国、ポルトガル・スペインの時代（15～16 世紀）

　15 世紀前半に、明の皇帝である永楽帝の指示を受けた鄭和が、30 年ほどの間に 7 回の遠征を行いました。60 隻以上の大型ジャンクを引き連れ、東南アジアやインドだけでなく、後半にはアラビア海を横断してペルシャ湾口、紅海、東アフリカなどへも足を延ばしました（図 1.10）。ただし、永楽帝はこの遠征に先立ち民間による海上交易を禁止（海禁）しており、鄭和の遠征も民間交易の拡大ではなく朝貢貿易による明の威信の拡大を目的としたものでした。このため、皇帝が交代し、内乱の発生や予算の逼迫などで国の余裕がなくなると、以降はこのような大遠征が行われることはありませんでした。

　これに代わるようにインド洋に進出したのが、バスコ・ダ・ガマをはじめとするポルトガル人です。イスラムのオスマン帝国が 1453 年にコンスタンチノープルを陥落させ、キリスト教国の東ローマ帝国を滅亡させた頃には、紅海やペルシャ湾を経由した地中海地域とインド洋地域の香辛料貿易は減退し、この交易を地中海側で支えていたベネチアやジェノバも衰えていきました。これに代わり、レコンキスタ（キリスト教国によるイベリア半島の領土回復）を達

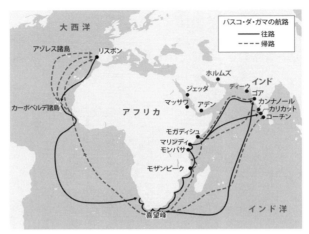

図 1.11　バスコ・ダ・ガマのインド航海
(出所：バーンスタイン[1]、フェルトバウアー[8] 等より作成)

成しつつあり、またセウタ、カナリア諸島、アゾレス諸島などのアフリカ・大西洋地域への進出を始めていたポルトガルやスペインが台頭し、アフリカ大陸南端経由や大西洋の横断といった新しいルートからの、インドへのアクセスが検討され始めました。1488 年には、ポルトガル人のバルトロメウ・ディアスが、ヨーロッパ人として初めて喜望峰に到達しました。続く 1492 年に、コロンブスがスペインの支援を受け、アメリカ海域に到達しました[注2]。そして 1499 年に、バスコ・ダ・ガマがヨーロッパ人として初めて、アフリカ南端の喜望峰を経由してインドに到達しました。

　これらの航海に用いられたのは、キャラックやキャラベルとよばれる帆船でした。また、アフリカ大陸南端を回りこむ際には、南東から反時計回りに吹く南半球の貿易風（卓越風）[注3] を受けて西へ一度膨らみ、北西から南東へ吹く

[注2] この頃、地球が丸いことは少なくとも知識階層の間ではすでに知られており、コロンブスが提案した大西洋横断によるインドへの航海計画がなかなか承認されなかった理由は、地球が丸いことが信じられなかったのではなく、コロンブスの試算したアジアまでの航海距離があまりに短すぎて現実的でないと判断されたためとされています。そして、そのように判断した人々が推測したアジアまでの距離のほうが、結果的にはより正確でした。しかし実際には、その手前に南北アメリカ大陸が存在したのです。

[注3] 赤道付近の卓越風である貿易風は trade wind の訳ですが、ここでいう 'trade' は道や進路という意味で使われており、もともとは貿易を行うために有用な風という意味ではありませんでした。

図 1.12　モンバサのイエズス砦址（ポルトガルによる建設、左）と台南市のゼーランディア城（オランダによる建設、右）（出所：(左) 2012 年、(右) 2018 年筆者撮影）

偏西風に乗って一気にアフリカ南端に到達するという経路がとられました（図 1.11）。

　これ以降、ポルトガルは、インド洋における香辛料貿易を独占しようとして、東アフリカのモンバサ（図 1.12 左）やモザンビーク、ペルシャ湾口のホルムズ島、アラビア海のソコトラ島、インドのコチンやゴア、東南アジアのマラッカなどに、交易・中継・軍事拠点を築いていきました。その狙いは一定程度達成されたものの、軍事力で統制するにはインド洋があまりに広大だったこともあり、貿易を完全に独占するまでには至りませんでした。

　一方、同じ頃、大西洋中の西経 46 度付近を境に世界を二分するトルデシャリス条約をポルトガルと結んだスペインは、新大陸アメリカに進出し、銀の採鉱だけでなく、新大陸で砂糖のプランテーションを始めました。原住民や入植者だけでは労働力が不足するようになると、アフリカから大量の奴隷を新大陸に運び込み、新大陸で採掘・生産された銀や砂糖、綿花、タバコをヨーロッパへ輸送するという、三角貿易を開始しました（図 1.13）。19 世紀初頭までの間におよそ 1000 万人のアフリカ人が奴隷として大西洋を渡ったと考えられています。

(2) オランダの時代（17 世紀）

　17 世紀に入ると、それまで 100 年にわたり世界の貿易を支配していたポルトガル・スペイン両国に代わり、スペインから 1579 年に独立を宣言したオラ

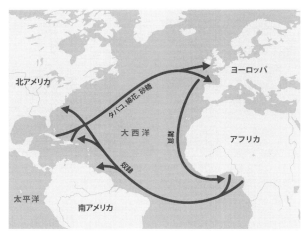

図 1.13 ヨーロッパ・アフリカ・新大陸の三角貿易

ンダが覇権を握ります。民間企業を糾合し、オランダ政府によって 1602 年に設立された東インド会社は、ジャワ島のバタビア（現在のジャカルタ）に総督府を置き、アジア進出の拠点としました。インドから東南アジア、台湾（図 1.12 右）・日本まで、アジア地域の広範にわたり要塞や商館などの交易拠点を築き、アジア域内交易に従事して大きな利益をあげました。同時に、ナツメグ、メース、クローブ（丁子）を産出するインドネシアのモルッカ諸島や、シナモンを産出するセイロン島（スリランカ）を支配し、これらの香辛料の輸出を独占しました。生産地を実力支配することにより、生産地が非常に限定されるこれらの香辛料については、ポルトガルができなかった独占を実現しました。

　北海やバルト海の交易で航海・造船技術を培ったオランダが使用した帆船はフリュートとよばれ、少ない船員で航行可能な、貨物輸送に特化した船でした。また、それまでにも大西洋や太平洋の横断時には卓越風（赤道付近の貿易風、高緯度帯の偏西風）を利用した航海は行われていましたが、17 世紀初めには、「吠える（南緯）40 度台（Roaring Forties）」とよばれる、さえぎる陸地が少ないため強烈となる南半球の偏西風を利用し、アフリカ大陸南端からバタビアのあるジャワ島まで一気に到達する航海が行われるようになりまし

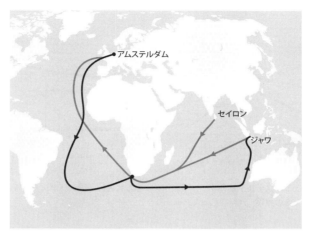

図1.14　南半球の偏西風（吠える40度台）を利用したヨーロッパ～東南アジア間の航海ルート

た^(注4)（図1.14）。

（3）イギリスの時代（18～19世紀）

　先行する各国の商船隊への海賊行為や私掠行為によって徐々に力をつけたイギリスは、17世紀にはアジアにおけるオランダとの勢力争いにまだ勝てなかったため東南アジアにとどまることができず、インドに拠点を築くことになりました。また、1642年に始まったピューリタン革命、1688年の名誉革命を経て法（議会）による支配が確立したことで、イギリスにおける商業発展の基盤が整い、18世紀の飛躍へと繋がったとされています。同じ頃、貿易の主要品目・形態が、金銀や香辛料など利幅の大きい貴重品から、砂糖、タバコ、コーヒー、カカオ、茶、綿花、天然ゴムなどプランテーション作物の大量輸送に移り（図1.15）、これらの生産地を植民地化し直接的に統治・経営するようになっていきました。その結果、このように「コモディティ化」したプランテーション作物を完全独占することは困難なので、生産地を独占することよりも、航海の安全を確保することが必然的に重要視されるようになりました。

（注4）このルートは、その後19世紀に活躍した高速帆船の型式名をとり、「クリッパー・ルート」とよばれるようになりました。

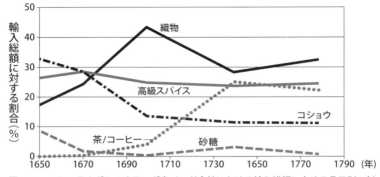

図 1.15　アムステルダムのオランダ東インド会社における輸入総額に占める品目別の割合の推移　(出所：Kristoff Glamann)

図 1.16　オスマン帝国（左）およびロンドン（右）のカフェ
(出所：(左) http://www.superluminal.com/cookbook/essay_coffee.html、(右) © Trustees of the British Museum)

　たとえばコーヒーの栽培は、10 世紀頃にエチオピアで始まったとされています。15 世紀頃にイスラム教徒の間に広まり、コーヒーを飲む場所はカフェとよばれるようになりました（図 1.16 左）。この頃のコーヒー豆は、アラビア半島南端の都市であるモカ周辺でしか栽培されていませんでした。17 世紀に入るとコーヒーはヨーロッパにも広まり、とくにロンドンのコーヒーハウスには商人たちが集まり、証券取引所や海運取引所の機能も持つようになりました（図 1.16 右）。1686 年にロンドンにオープンしたロイズカフェでは海上保険の取引が行われ、世界最大の保険市場となり、ロイズ（Lloyds'）は海運市場の代名詞となっていきました。コーヒーの生産については、18 世紀前半にインドネシアへの移植が成功し、次いでアメリカ大陸にも広まっていくことでモカ

図 1.17 シンガポールのラッフルズ像（左）とラッフルズ・ホテル（右）
（出所：（左）© Tomo.Yun http://www.yunphoto.net、（右）2005 年筆者撮影）

の独占が崩れ、大衆化が進んでいきました[9]。同様に、茶（中国原産、南アジアへ移植）、天然ゴム（ブラジル原産、東南アジアへ移植）、砂糖（東南アジア原産、アメリカ大陸等へ移植）[10]、ピーナッツ（アメリカ大陸原産、アジアをはじめとする各地へ移植）[11] など、移植による生産力の向上によって大衆化した商品が多く生まれました。

　このような貿易や商業の成長は商業革命とよばれ、資本が蓄積し、18 世紀後半から始まった産業革命が起きたひとつの要因とされています。また、産業革命を当初牽引したのは、綿工業における機械化や蒸気機関の発明、製鉄業の伸長でしたが、これらの工業製品を、前述のとおり当時イギリスが制覇していた海上輸送網によって、自国の保有する植民地を含む世界各地に売り込む販路が確保されていたことも、産業革命の進展に大きく寄与したと考えられています。産業革命による工業化は、貿易の形を、貴重品や食品・日用品などの輸入中心から、工業製品の輸出中心へと変えていきました。このため、とくに工業製品を輸出するイギリスにとっては、自由貿易の確保による販路の拡大がますます重要となり、ラッフルズによる自由貿易港シンガポールの建設（1819 年、図 1.17）や、かつて貿易を独占していたイギリス東インド会社の解散（1834 年）へと繋がっていきました。

　19 世紀に入ると、前世紀に発明された蒸気機関を動力源とし、大量生産された鋼鉄を材料とした、蒸気船（図 1.18 左）や鉄道が建造されるようになりました。蒸気船は燃料補給が必要なため、当初は帆船（クリッパー船）に比べ

図 1.18　19 世紀に登場した蒸気船（左）および冷凍船（右）
(出所：（左）野間恒、（右）フランス冷凍協会)

てコストが優位となるのは短距離の航海に限られていましたが、建造技術が進展するにつれ、帆船の優位は卓越風を利用する長距離航路に限定され、スエズ運河（1869 年）やパナマ運河（1914 年）の開通による長距離航海の輸送距離の短縮が決定打となり、長く続いた帆船の時代は完全に終わりを告げることとなりました。

　また、イギリスだけでなく、インドや米国をはじめとして世界各地に建設されていった鉄道も貨物の輸送コスト低減に大きく貢献し、より大量かつ多様な作物や製品が交易されるようになっていきました。1860 年代には冷凍船が登場し（図 1.18 右）、牛肉などの腐りやすい製品についても遠距離輸送が可能となりました。このような輸送技術の進展により、たとえば米国の中・西部で生産された小麦やトウモロコシなどの農作物、あるいは南米大陸で生産された畜産物[注5]をヨーロッパの大消費地へ輸送することが可能となるなど、生産地域も世界中へ拡大していきました。

1-4　おわりに：現代、そして未来

　19 世紀後半には内燃機関の技術が発展し、自動車や航空機の製作が始まります。20 世紀に入ると、輸送技術がさらに飛躍的に向上するとともに、石油の生産と輸送が、鉄道や船を含めた輸送機関の動力源としてだけでなく、石油化学工業をはじめとするあらゆる産業の基盤として、「20 世紀は石油の時代」

（注5）南米大陸における牧畜業の発展により管理された牧草地が拡大したため、それまで草原を生活圏としていたガウチョ（原住民と白人の混血民族）が消滅していきました[11]。

といわれるほど重要なテーマとなってきました。これら石油や天然ガスなどのエネルギー資源は、各国の生殺与奪を握るといってもよいほど重要であるにもかかわらず、地球上の賦存地域が偏在しているため、専用船による、安定した長距離・大量輸送が必要となります（**第3章**参照）。また、工業製品の海上輸送では、1950年代にコンテナが出現し、輸送費用が大幅に下がりました（**第2章**参照）。

　以降の国際海運や陸運を取り巻く現代的なトピックの解説については、第2章以降に譲りますが、本章で簡潔に整理した国際物流の歴史において、貿易や物流への動機がいかに世界政治・経済に影響してきたか、また逆にさまざまな国家や宗教の興亡・盛衰といった世界政治の潮流がいかに世界の貿易・物流に影響を与えてきたか、つまり、両者がいかに分かちがたい関係にあるかを概観しました。また、時代の経過とともにグローバリゼーション（世界の一体化）が着実に進展しているという点も、明らかになったと思います。

　このような過去からの知見は、そのまま未来にも当てはまると筆者は考えています。すなわち、これからも国際物流は世界経済の潮流に翻弄されると同時にその方向性に随時インパクトを与えていくものと予想され、またグローバリゼーションはさらに進展することはあっても当面退化することはないことも予想されます。

【参考文献】

1）Bernstein, W. "A Splendid Exchange -How trade shaped the world-", Grove Pr., 2009（鬼澤忍訳『華麗なる交換　貿易は世界をどう変えたか』、日本経済新聞社、2010年）

2）Parker, P.（eds）"The Great Trade Routes-A History of Cargoes and Commerce over Land and Sea-", Naval Inst Pr., 2012（蔵持不三也・嶋内博愛訳『世界の交易ルート大図鑑 陸・海路を渡った人・物・文化の歴史』、柊風舎、2015年）

3）篠原陽一「海上交易の世界史（e-book）」、http://koekisi.web.fc2.com/index.html

4）家島彦一『海が創る文明　インド洋海域世界の歴史』、朝日新聞社、1993年

5）宮崎正勝『世界史の誕生とイスラーム』、原書房、2009年

6）Watt, M., Sellar, W. "Frankincense & Myrrh", The C.W. Daniel Company Ltd., 1996（渡辺由貴子・渡辺覚訳『乳香と没薬　アロマテラピーと香りの源流』、フレグランスジャー

ナル社、1998 年）

7）Abu-Lughod, J. L. "Before European Hegemony: The World System A.D. 1250-1350", Oxford University Press, 1989（佐藤次高・斯波義信・高山博・三浦徹訳『ヨーロッパ覇権以前　もう一つの世界システム』、岩波書店、2001 年）

8）Feldbaouer, P. "Due Oirtugiesen In Asien: 1498-1620", Magnus Verlag, 2005（藤川芳朗訳『喜望峰が拓いた世界史　ポルトガルから始まったアジア戦略 1498-1620』、中央公論新社、2016 年）

9）旦部幸博『珈琲の世界史』、講談社現代新書、2017 年

10）川北稔『世界の砂糖史』、岩波ジュニア新書、2005 年

11）Pomerantz, K., Topik, S. "The World that Trade Created - Society, Culture, and the World Economy 1400 to the Present", M. E. Shape, 3rd ed., 2012（福田邦夫・吉田敦訳『グローバル経済の誕生　貿易が作り変えたこの世界』、筑摩書房、2013 年）

【その他本章の内容全般に関連した参考文献】

・　水島司『グローバル・ヒストリー入門』、世界史リブレット 127、山川出版社、2010 年

・　宮崎正勝『海からの世界史』、角川選書、2005 年

・　松井透『世界市場の形成』、岩波書店、1991 年

第1部
世界の海上輸送

スエズ運河を通過するコンテナ船（2014年4月編者撮影）

第 2 章
コンテナ輸送の過去・現在・未来

　多種多様な貨物を入れたコンテナが、売り手である荷送人のもとからトラックで港へ運ばれ、港で本船に積み込まれてその目的港まで運ばれます。さらに、そのコンテナが目的港で本船から陸揚げされ、再びトラックに載せられて買い手である荷受人の所まで運ばれます。このように、複数の交通機関を跨る複合一貫輸送によって貨物を荷送人から荷受人までドア・ツー・ドアで運ぶことができるのは、コンテナという世界統一規格の容器が開発され、普及したからだといわれています（表 2.1）。

　このように貨物を世界統一規格のコンテナ（数える単位は 20 フィートコンテナ換算個数（Twenty-foot Equivalent Unit：TEU））という容器に詰め込んだことで、機械化を通じて荷役作業が著しく省力化され、効率が大幅に向上しました。そして、ほとんどあらゆる貨物を高速かつ低コストで、さらに安全かつ確実に世界中に届けることができるようになりました。このことが、従来なら輸送費用が嵩むため輸出入されることがなかったような運賃負担力の低い商品を世界の隅々まで行きわたらせ、貿易を劇的に促進したという意味で、コンテナ輸送の普及は経済のグローバル化の進展に大きく貢献したといえます。

表 2.1　ISO 規格のコンテナの諸元

コンテナの種類		20 フィート	40 フィート	40 フィート 背高
寸法	長さ L（m）	6.058（20'）	12.192（40'）	12.192（40'）
	幅　B（m）	2.438（8'）	2.438（8'）	2.438（8'）
	高さ H（m）	2.591（8'6"）	2.591（8'6"）	2.896（9'6"）
体積	（m³）	33.1	67.5	76.2
コンテナ自重	（ton）	2.22	3.74	3.92
最大積載荷重	（ton）	21.78	26.74	26.56
最大総重量	（ton）	24.00	30.48	30.48

2-1 コンテナ輸送の発展と特徴

(1) コンテナによる荷役作業の省力化

従来、海上輸送の対象となる貨物は在来貨物（Breakbulk Cargo）とよばれ、岸壁と本船の間の荷役は、袋詰めされた貨物を人が担ぐことによって積み卸しされていました。荷役機械の導入が進むと、多数の袋をネットに載せ、ネットごとクレーンで積み卸しできるようになりましたが、袋をネットに載せる部分には人力作業が残りました（図 2.1）。

さらに、コンテナの普及によって、岸壁クレーンでコンテナを本船に直接積み卸し（Lift-On Lift-Off：LOLO）することができるようになり、人力に依らない荷役作業が安全性と効率性を劇的に高めました（図 2.2）。

図 2.1　在来貨物の本船荷役作業の機械化
（出所：一般社団法人東京都港湾振興協会）

(2) コンテナの多段積みによる空間の有効活用

袋詰めされた在来貨物では、上屋や倉庫内の棚を使わない限り立体的に積み上げて保管することが困難でしたが、コンテナを用いればヤード内に立体的に積み上げて保管することが可能

図 2.2　岸壁クレーンによる本船荷役
（出所：博多港ふ頭株式会社）

です。これにより、空間の高度利用が可能となり、ヤード面積あたりの貨物の保管効率が高まりました。ただし、積み段数を増やすとコンテナの山のなかに隠れているコンテナを掘り出す作業も著しく複雑になることから、もっとも効

率的な積み段数は経験的に4～5段のようです（図2.3）。

(3) 従来の貿易取引の概念を覆したコンテナ輸送[1]

国際物流は、異なる国に所在する荷送人と荷受人の間で成立した商品の売買契約に基づいて発生します。両者の間でリスクと費用の範囲や分担関係を世界共通で取り決めたルールが、国際

図2.3　多段積みによる空間の有効活用
（出所：博多港ふ頭株式会社）

商業会議所（ICC）によるインコタームズという貿易の標準的な取引条件です。コンテナが普及する前の輸出在来貨物の海上輸送を例にとると、貨物は荷送人のもとからトラックで港湾岸壁背後の野積み場（いわゆるヤード）に持ち込まれ、接岸した本船の船倉にクレーンで積み込まれていました。このような在来貨物の荷役形態を前提として、輸出港の岸壁で船に載せるまでの運賃やリスクを荷送人が負担する本船渡条件（Free On Board：FOB）、あるいは指定された輸入港で卸されるまでの運賃、保険料なども含めて荷送人が責任を負担する運賃保険料込条件（Cost, Insurance and Freight：CIF）などの取引条件が一般的に用いられてきました。

しかしながら、コンテナ輸送では、輸出コンテナが内陸の荷送人のもとから輸出港のコンテナターミナルに持ち込まれ、その管理がターミナルの責任になってからも、保管あるいは荷繰りの最中、さらには本船に積み込まれるまでの間に滅失、損傷などのリスクが発生します。従来のFOBでは、荷送人がこのターミナル内での責任までも引き受けなければなりませんでした。しかし、最近改訂された2010年版インコタームズでは、荷送人の責任は、輸出通関をすませ荷受人によって指定された場所で、荷受人が指名した運送人に貨物を引き渡すことによって完了する運送人渡条件（Free Carrier：FCA）という取引条件が定められ、コンテナ輸送においてはFOBの代わりにFCAを適用することが推奨されています。とはいうものの、長年の取引習慣からコンテナ輸送でも依然としてFOBを使用するケースも多いようです。

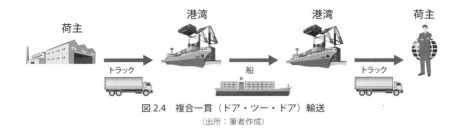

図 2.4　複合一貫（ドア・ツー・ドア）輸送
(出所：筆者作成)

(4) コンテナによる複合一貫（ドア・ツー・ドア）輸送の実現

コンテナが世界統一の規格であることから、複数の交通機関を跨いで載せ替える荷役作業の機械化が世界中で進み、コンテナの扉を開けることなく、荷送人から荷受人の手元まで貨物を容易に輸送できるようになりました。これを複合一貫（ドア・ツー・ドア）輸送とよびます。（図 2.4）。

(5) コンテナ輸送サービスのコモディティ化

1990 年代以降のコンテナ船の大型化により、規模の経済性が発揮されて海上輸送コストが大幅に低下したことから、世界中でコンテナ輸送が急速に普及しました。大幅に低下した海上輸送コストの恩恵を受けて、現在では、あらゆる貨物がコンテナで運ばれているといっても過言ではありません。言い換えると、コンテナ輸送サービスのコモディティ化（市場参入時に高付加価値であったサービスの市場価値が低下して一般的なサービスになること）がますます進んでいるといえます。さらに、コンテナ輸送サービスの質の違いを荷主に訴えることが難しいため、コモディティ化した同質サービスの宿命として、船会社間のコスト面での競争がますます厳しくなっています。

(6) 空コンテナ管理の難しさ

貨物輸送の代表的な特徴のひとつに、貨物の移動が片道であるという非対称性があります。貨物を入れたコンテナを荷送人から荷受人まで輸送し終えると、そのコンテナは荷受人の所で空になります。空になったコンテナはなるべくその近傍で新たな貨物の荷送人を探さなければなりませんが、空間的・時間的にマッチングさせることが非常に難しく、港湾近傍に位置するバンプール

（空コンテナ置き場）にいったん返却されて再配置を待つケースが多くなります。さらに、空コンテナには輸送費用や保管費用を負担する荷主が存在しないため、コンテナの所有者である船会社は空コンテナの管理に頭を痛めています。

(7) コンテナ・ラウンド・ユースの動き[2]

空コンテナ輸送を削減することを目的として、輸入コンテナと輸出コンテナのマッチングを行うのがコンテナ・ラウンド・ユース（CRU）です。この取り組みは、従来、同一荷主の輸入コンテナと輸出コンテナの間で行われてきましたが、近年では、異業種の荷主間で取り組む事例が増加しています。このようなCRUの実現には多くの主体が関係することから、それぞれの役割・責任分担を明確にするとともに、適正な費用負担と料金収受が不可欠になります。

またCRUは、地域特性が出やすい取り組みであり、同一地域内の近傍に輸入者と輸出者の双方が立地していることが必要で、さらに、両者が利用している船会社と輸出入港湾が共通であるなどの条件が満たされていなければ成立しません。

(8) 空コンテナのさらなる有効活用

ひとつの国の貿易では輸出量と輸入量が一致することは稀で、たとえば輸入量が輸出量を上回る国では、多くの空コンテナを輸出しなければなりません。そこで生まれたアイデアが、穀物などの、従来はコンテナに入れて運ばれることのなかったバルク貨物を、今まで空のまま輸送されていたコンテナに入れて運ぶというものです（図2.5）。

しかし、この輸送が実現するのは、空コンテナが輸送される方向がバルク貨物の輸送される方向と一致する時に限られることに留意する必

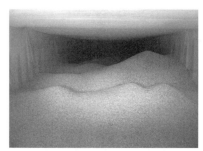

図2.5　コンテナに詰め込まれた穀物
(出所：日本郵船株式会社)

要があります。たとえば、中国からアメリカにさまざまな製品を輸出する際に利用され、従来は空のまま返送されていたコンテナを、アメリカから中国に輸出する穀物の輸送に活用する事例が確認されています。

2-2　コンテナ輸送の今日的課題

（1）コンテナ輸送における定期船サービスの特徴

　海上コンテナ輸送は、いわゆる定期船サービスによって提供されます。定期船サービスとは、事前に発表された寄港地と寄港スケジュール（半年間あるいは1年間程度）に従って毎週定曜日に同一の港に寄港して、その先の寄港地まで貨物を輸送するサービスです。表2.2に示す東アジア〜北西欧州航路の例でいえば、12隻の同型コンテナ船による船隊（フリート）が往復する間に、18港に寄港するループ・サービスとして提供されます。このケースでは、ある1隻のコンテナ船に着目すると、ある港を出発しループを一周して再び同じ港に戻ってくるまでに、12週間（84日間）を要することになります。

　また、規模の経済性を求めてコンテナ船が大型化すればするほど、コンテナ船の積載率をできるだけ高めるため、船会社には1回の寄港でより多くの貨物を集める必要が生じます。そして、船会社は後述するハブ・アンド・スポーク型のネットワークを構成して、フィーダー航路で繋がった中小港湾の需要をいわゆるハブ港湾に集約して、超大型コンテナ船の積載率を高める戦略をとっ

表 2.2　20,000TEU級コンテナ船によるループ・サービス（寄港地）の想定例

ループサービス	船型	欧州						地中海		アジア									寄港数	ループ距離（カイリ）	平均航行速度（ノット）	ローテーション日数（日）	船隊隻数
		オーフス	ヨーテボリ	ハンブルク	ロッテルダム	アントワープ	フェリックストー	ルアーブル	アルヘシラス	ポートサイド	タンジェ・ペラパス	シンガポール	蛇口	香港	寧波	上海	釜山	神戸	横浜					
東アジア〜欧州航路	20,000 TEU																			18	25,344	20.10	84.0	12

注）20,000TEU級コンテナ船の各港での積卸量を勘案して在港時間は1.75日（42時間）/港とした。

（出所：筆者作成）

ています。

(2) 船から船への積み替えの容易さが生み出したハブ・アンド・スポーク

貨物輸送需要の小さい港湾同士を定期船サービスで直接繋ぐには、きわめて多くの航路の組み合せが必要となります。そこで、これらの航路をハブ港湾でいったん束ねてコンテナを次の航路に積み替えれば、若干の遠回りになり積み替えの手間も生じるものの、少ない航路の組み合せですべての港湾に定期船サービスを提供することが可能になります。

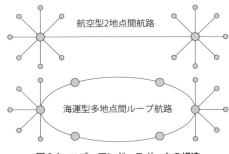

図 2.6　ハブ・アンド・スポークの構造
(出所：筆者作成)

このようなアイデアに基づくハブ・アンド・スポーク型のネットワーク構造（図 2.6 下）が、船会社のビジネスモデルとして実際に形成されました。その引き金となったのは、コンテナ船から別のコンテナ船にコンテナを積み替える（トランシップする）本船荷役作業が岸壁クレーンによって機械化され、劇的に効率化したことにあるといえるでしょう。

(3) 規模の経済性を求めたコンテナ船の大型化 [3]

1990 年代後半以降、規模の経済性を求めてコンテナ船の大型化が急速に進みました。1995 年ころまでは 5,000TEU 級だった最大船型（サイズ）が 1997 年に 8,000TEU 級となり、2006 年には 14,000〜15,000TEU 級、さらに 2013 年からは 18,000〜20,000TEU 級と、過去 20 年程度でコンテナ船の積載容量が約 4 倍に拡大しています（図 2.7）。これほど急速に大型化が進んだコンテナ船に対応するために、航路・泊地の増深および拡幅、岸壁の大水深化、ターミナル面積の拡大、高規格クレーンの増設、アクセス道路・鉄道の増強などといった港湾側のインフラを整備するには、巨額の費用と長い期間を要します。

多くの港湾では、このように長期にわたって膨大な費用を要する投資につい

図 2.7　コンテナ船の大型化の推移
（出所：OECD[3] より筆者作成）

て、集中的に短期間で行うには制約の大きい公的投資に依存してきました。逆にいえば、貨物輸送需要が旺盛で、かつ公共・民間を問わず集中的な投資を短期間で実現した港湾に、加速度的にハブ機能が集中してきたといえます。

（4）コンテナの海上輸送費用の構造 [4]

コンテナの海上輸送費用には、通常、①コンテナ船の資本費用、②運河通航料（運河を通航する場合のみ発生）、③船員費用、④保全費用、⑤保険費用、⑥燃料費、⑦港費（コンテナ荷役料を含む）が含まれています。

筆者は、以前の研究で、20,000TEU 級コンテナ船で横浜港からハンブルク港まで（あるいは逆向きに）20 フィートコンテナを輸送した場合の 1TEU あたり海上輸送費用を試算しました。2016 年時点の 20,000TEU 級のコンテナ船による実際のループ・サービスを参考にして、コンテナ船がローテーション日数 12 週間（84 日間）で横浜港とハンブルク港を含む 18 港に寄港するものと想定し（表 2.2）、さらに、船舶燃料油価格を 650USD/トンと仮定して試算したところ、海上輸送費用は 836USD/TEU と算出されました。各費用項目が輸送費用に占める比率は、港費（コンテナ荷役料を含む）が 36％、次いで燃料費 30％、資本費 19％、スエズ運河通航料 12％となりました。この 4 項目

で全体費用の97％を占めています（図2.8）。

コンテナ船の大型化に伴う積載容量の増加が、それぞれの費用項目の増加傾向を上回れば、1TEUあたり海上輸送費用に対して規模の経済性が発揮されると考えられます。具体

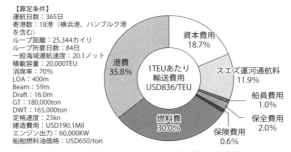

図2.8　1TEUあたりコンテナ輸送費用の試算例
（出所：筆者作成）

的には、資本費用やそれに比例すると考えられる保全費用、保険費用などにこの傾向がみられます。

また、コンテナ船が大型化しても、運航に必要な船員数は23名程度で船舶の大きさに関係なくほぼ一定なので、船員費用も上述の費用項目と同様に規模の経済性を発揮する要因となっていますが、全体に占める割合は小さいものに留まっています。

さらに、20,000TEU級の超大型コンテナ船に共通する傾向として、14,000～15,000TEU級に積載されているエンジンより出力がダウンサイズされた燃料消費効率の高いエンジンを積載しているため、超大型コンテナ船では、燃料費も規模の経済性を発揮するもっとも大きな要因のひとつとなっています。

（5）コンテナ船の大型化に伴う船社アライアンスの統合・再編

1ループ・サービスあたり10～12隻の超大型コンテナ船の投入が必要なアジア～欧州航路サービスを維持しつつ船腹量を調整する過程で、コンテナ船運航会社の合従連衡が一層進んでいます。2013年に20,000TEU級の超大型コンテナ船が登場して以来、船社アライアンスの再編が進み、2M、O3、G6、CKYHEの4大アライアンスへ2015年にいったん再編されました。

その後さらに主要船会社同士の合併・統合が進み、さらには韓進海運の破綻、邦船3社（商船三井、日本郵船、川崎汽船）のオーシャン・ネットワー

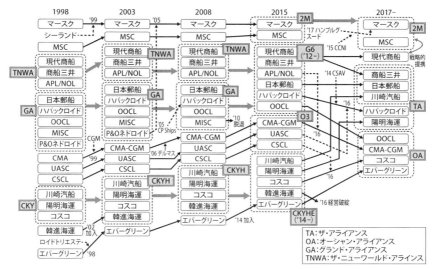

図 2.9　コンテナ船運航会社とアライアンスの変遷
（出所：公益財団法人日本海事センター）

ク・エクスプレス（ONE）への統合などによって、船社アライアンスの再々編が進みました。2017年時点では、2M（マースク、MSC）、The Alliance（ONE、ハパックロイド、陽明海運）、Ocean Alliance（OOCL、CMA-CGM、コスコ、エバーグリーン）の3大アライアンスに再々編されています（図2.9）[5]。このように、コンテナ船社は合併によって共倒れを回避しつつ、アライアンスのさらなる絞り込みの道を歩んでいると考えられます。

（6）船社アライアンスの統合・再編に伴うターミナルの統合・再編

　このように船社アライアンスの大幅な再編が続くなか、各船会社が自営するターミナルをより効率的に運営するため、再編後のアライアンスに対応して同一港湾内での寄港バースを集約し直す必要があります。
　たとえば、東京港大井ふ頭のコンテナバース（全7バース）は川崎汽船、商船三井、ワンハイ、日本郵船の4社がそれぞれ借り受けて運営しています（図2.10）。しかしながら、新しい会社ONEが東京港で共通の定期船サービスを提供していくには、効率性向上の観点からいえば、このターミナル群を一体

図 2.10　東京港大井ふ頭のコンテナターミナル
(出所：Google earth より筆者作成)

的に運営することが自然な姿といえるでしょう。この場合は3社のバースが物理的に近接しているため、比較的容易に一体的な運用を図ることが可能と考えられますが、それでも残りの1社のバースを他の場所に移転させることが避けられません。

とりわけ、コンテナ定期船サービスを一時的であっても休止することなく(すなわちターミナルの運営を休止することなく)、ターミナルの再編・集約を円滑に進めるには、移転のための一時的な種地を用意するなど、港湾側の戦略的かつ計画的な対応が必須です。

(7) 立ち上がる輸送需要ピークとの戦い

コンテナターミナルは、アジア〜欧州航路のような長距離航路からアジア域内の中距離航路、さらには日中韓のような短距離航路まで、そのターミナルを利用する船社アライアンスのあらゆる定期船サービスが、共同で利用しています。これをコンテナ船のサイズの視点でみると、超大型コンテナ船(アジア〜欧州航路)、大型コンテナ船(アジア〜北米航路)、中型コンテナ船(アジア域内航路)、小型コンテナ船(近海航路)がひとつのターミナルを共同で利用していることになります。また、コンテナ船の全体集合のなかで超大型コンテナ船が新たに登場したことで、それまで長距離航路に就航していた大型コンテナ船が中距離航路に、中距離航路に就航していた中型コンテナ船が短距離航路に、そして短距離航路に就航していた最小のコンテナ船が退役していくというような(滝の水が流れ落ちるという意味の)カスケード効果によって、それぞ

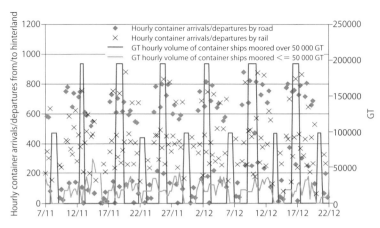

図 2.11　大・中・小型コンテナ船の寄港ごとのコンテナ取扱量の周期的な変動
(出所：International Transport Forum / OECD, The Impact of the Mega-Ships, 2015, p. 55.)

れの距離帯の航路に就航しているコンテナ船の平均サイズが徐々に大型化しています。そのうえで、さらに、短距離航路と長距離航路に就航しているコンテナ船の平均サイズの差が拡大しています。

その結果、長距離航路と短距離航路で 1 回の寄港で積み卸しされるコンテナ数の差が大きくなり、1 日あたり取扱量の週間分布をみるとピークが立ち上がる傾向にあります（図 2.11）。このため、ターミナル陸側ゲートでの搬出入トレーラーの集中度が高まり、特定の曜日の特定の時間帯に大渋滞が生じるなど、世界中の港湾で著しい混雑が発生しています。これは、コンテナ船の急速な大型化が招いた外部不経済のひとつの典型といえます。

（8）通関、検疫、セキュリティ・チェック[6]

コンテナ貨物の輸出入では、税関当局による関税の徴収と銃器・不正薬物等の密輸阻止のための通関手続を行う必要があります。また、外国から輸入される動物・畜産物などを介して家畜の伝染性疾病が国内に侵入することを防止するための動物検疫、植物の輸出入に伴い植物の病害虫がその植物に付着して侵入することを防ぐための植物検疫も必要です。

さらに、2001 年 9 月 11 日の米国同時多発テロ以降、米国では、高リスク

な輸出入者による高リスク貨物の出荷を未然に防ぐため、船会社を中心とするすべての運送人に対して、米国へ向けた輸出港での船積み24時間前までに、米国向け本船に積載されるすべての貨物情報を電送することが義務付けられました。これは、自由貿易が進展するなかで、旧来の税関に対してセキュリティというより大きなミッションが付加されたことを意味しています。自由貿易の促進とセキュリティの確保のバランスをとっていくことが、今後はますます重要になります。

2-3　コンテナの背後圏／前方圏輸送

(1) 背後圏と前方圏の間に位置する港湾

港湾とは、輸出入貨物の背後圏（陸域）と前方圏（前方港湾の背後圏を含む）の間に位置し、それらを海上輸送サービスで結び付ける場所（結節点）です。

図2.12を例に説明すると、前方圏とは、港湾（A）から海に向かって海上輸送サービスで繋がっている前方の港湾（E）が有する背後圏であると理解されていましたが、ハブ港（D）の発達によって、前方のハブ港（D）からさらにフィーダー・サービスで繋がっている前方の港湾（F）の背後圏も含まれるようになりました。

一方、背後圏とは、その港湾（A）を起終点とする内陸輸送サービスの提供

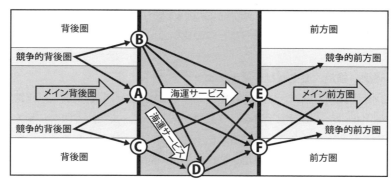

図2.12　前方圏と背後圏の間に位置する港湾
（出所：Rodrigue[7]より筆者作成）

範囲であり、トラック（道路）、鉄道、船（内陸水運）によって提供されます。

（2）道路輸送

　コンテナターミナルに直接繋がっている鉄道や内陸水運を利用しても、荷受人のドアまで運ぶことはできません。荷受人のドアまで運ぶという意味で、コンテナ貨物の背後圏輸送にとってもっとも重要な輸送モードは、トラックによる道路輸送であるといえます。一方で、コンテナ船の大型化に伴ってターミナル陸側ゲートの混雑が際立ってきていることから、今後の海上コンテナ輸送のさらなる発展のカギを握っているのは、アクセス道路網の増強とともにターミナル陸側ゲートの混雑緩和策といえます。

（3）鉄道輸送

　従来の伝統的な考えでは、背後圏輸送において500km程度以上の距離であれば、鉄道輸送が道路輸送より経済的になると考えられてきました。したがって、港湾から500km以上内陸の地域への背後圏輸送に鉄道が活用される例が多かったといえます。しかしながら、ターミナル陸側ゲートにおける有効な混雑緩和策のひとつとして大きく期待されているのが、ターミナルから道路を経由せずに大量のコンテナをインランド・コンテナ・デポ（ICD）まで一括で搬出入することができる鉄道輸送の普及です。

（4）内陸水運

　舟運用の船舶の航行が可能な長大河川や運河が利用可能であれば、内陸水運も背後圏輸送の輸送モードとして大きな可能性を持つ選択肢といえます。しかしながら、舟運は道路輸送や鉄道輸送に比べて一般に輸送時間がかかるので、短時間での輸送を求めないような貨物がおもな対象となります。

（5）背後圏輸送における輸送モード分担率

　ひとつの例として、北西欧州の主要港（ルアーブル港、アントワープ港、ロッテルダム港、ブレーマーハーフェン港、ハンブルク港）の背後圏輸送における輸送モード分担率を表2.3に整理しました。河川や運河へのアクセスが良

表 2.3　北西欧州主要港の背後圏輸送における輸送モード分担率

港湾／輸送モード	ルアーブル（2009 年）	アントワープ（2016 年）	ロッテルダム（2012 年）	ブレーマーハーフェン（2015 年）	ハンブルク（2015 年）
道　路	86%	56%	44%	50%	56%
鉄　道	5%	6%	13%	46%	42%
内陸水運	9%	38%	43%	4%	2%
年間取扱量（2016 年）	252 万 TEU	1,004 万 TEU	1,239 万 TEU	549 万 TEU	891 万 TEU

(出所：各港湾ウェブサイト等の情報より作成)

いアントワープ港とロッテルダム港では内陸水運の利用率が 38～43％を占めている一方で、鉄道の利便性が高いハンブルク港やブレーマーハーフェン港では鉄道の利用が 42～46％を占めています [8]。

　このように、北西欧州の主要港湾は鉄道と内陸水運の分担率が 1/3～1/2 と高く、大都市に位置していることもあり、これらの輸送モードには環境対策に加えて混雑対策としての役割が期待されていると考えられます。

（6）インランド・コンテナ・デポ（ICD） [9]

　伝統的な ICD の概念は、コンテナターミナルまで鉄道が接続していることを前提に、一般にトラック輸送よりも鉄道輸送のほうが経済的となる距離とされる 500km 程度以上港湾から離れた内陸に位置するものでした。しかしながら、ターミナル陸側の混雑を緩和するために、ターミナルから ICD まで大量のコンテナを鉄道で一括輸送することの有効性が理解されるようになり、近年では、港湾背後の近距離圏など港湾からの距離にかかわらず、著しい発展を遂げています（図 2.13）。

　たとえば、豪州シドニー市・ボタニー港の背後約 18km に位置し貨物専用鉄道が接続する Enfield Intermodal Logistics Center [10] や、イタリア・ジェノア港の背後約 75km に位置し鉄道が接続する Rivalta Scrivia Dry Port [11] などがその例です。ターミナル内で通関せずに、保税状態の輸入コンテナを ICD まで鉄道により大量一括輸送することができれば、ターミナル内滞留時間の短縮によって非常に大きな混雑緩和効果が期待されます。

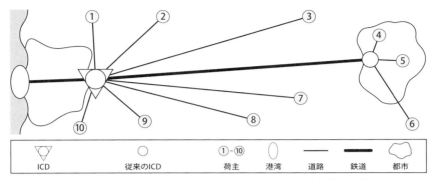

図 2.13　港湾背後近くに位置するインランド・コンテナ・デポの新しい概念
(出所：Roso et al.[9] より筆者作成)

2-4　コンテナ輸送の未来の姿

(1)　コンテナ船の大型化はさらに進むのか [12]

　1999 年に発表された報告書[13] によると、1999 年当時の造船技術の粋を集め、かつ当時のスエズ運河やマラッカ海峡の物理的制約を踏まえた結果、船長 400m、船幅 60m、最大喫水 21m のいわゆるマラッカマックスに相当するサイズのコンテナ船は成立可能であると報告されています。そして、コンテナ船の最大サイズは、造船技術の制約によって決まるのではなく、港湾関連インフラの制約や変動の大きい海運市場（需要）の動向によって決まるとされています。

　一方で、2016 年 6 月末時点のスエズ運河航行規則によると、運河内での操船上の理由による船長の制約は 400m 以下で当時と変化はないものの、通航可能な船舶の船幅と最大喫水の組み合せについては、もっとも船幅が広い 77.5m の場合から 50m の場合で、最大喫水はそれぞれ 9.1m および 20.1m と定められています（第 4 章図 4.2 参照）。この規則に照らしたマラッカマックスの船幅（60m）に対応する最大喫水は 16.8m であり、近年登場している 20,000TEU 級の超大型コンテナ船のサイズ（船長 400m、船幅 59m、最大喫水 16m）はおおむねこの範囲内に収まっています。したがって、スエズ運河およびマラッカ海峡の物理的な制約に大きな変更がない限り、当分の間は現在

の 20,000TEU 級船舶がコンテナ船としての最大サイズの地位を占め続けるものと考えられます。

　また、コンテナ船の大型化競争を牽引してきたマースク社の幹部は、コンテナ船の大型化について、競争力のあるサービス頻度を保ちつつ、ひとつのサービス・ループでより多くの港をカバーするために輸送時間が長期化するなかで、輸送費用とサービス水準のバランスがとれるのは 20,000TEU 級までであり、これ以上の大型化は非現実的であると述べています [14]。

（2）コンテナターミナルの自動化

　コンテナ輸送の急速な発展に伴って、世界中の多くのコンテナターミナルでは、効率性と安全性の向上を求めてさまざまなレベルの自動化が進んでいます。

　一般的なターミナルでは、本船のコンテナは岸壁クレーン（QGC）によって岸壁上のヤードトレーラーに受け渡され、そのトレーラーがヤード内の指示された位置に移動し、ヤードクレーンによりヤード内の所定の位置に多段積みされます。

　一方、典型的な自動化ターミナルでの輸入コンテナの受け渡し作業は、以下のような流れになります。まず、本船のコンテナは基本的に人間のオペレーターが操縦する QGC によって岸壁上の無人搬送車（AGV）に受け渡します。次に AGV に受け渡されたコンテナは、岸壁からヤード内まで移動し自動スタッキング・クレーン（ASC）によって多段積みされます。このように、多くの場合で自動化されるのは、コンテナの岸壁からヤード内への移動とヤード内での多段積み（スタッキング）作業です。また、このコンテナをヤードから搬出する際は、ヤード内でもっとも内陸側に位置するエリアまで ASC によって運ばれます。ヤード内のこの範囲は基本的に無人エリアとされ、有人作業は行われません。そして、外来トレーラーがターミナルに入構し、目的のコンテナが人間のオペレーターによる ASC の遠隔操作によってトレーラーに受け渡されます（図 2.14）[15]。

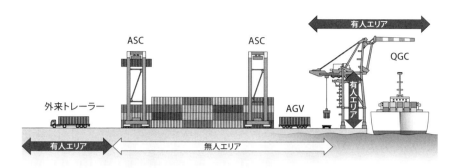

図 2.14　一般的な自動化コンテナターミナルの概念図
(出所:篠原[15]より筆者作成)

(3) コンテナ船の自動航行

　海上 IoT の活用を通じて、コンテナ船の自動航行に向けたさまざまな技術開発の動きが加速しています。一般に、大型コンテナ船には船長を筆頭に航海士や機関士など 23 人程度の船員が乗船することが多いため、無人コンテナ船による自動航行は、人件費削減を通じて海上輸送の経済性向上に直結するといえます。

　たとえば、英ロールスロイス社が開発中の自律航行船は、大海原を無人で自動航行し、多数の船舶が針路をふさぐ湾内など、ある程度危険度が高いと想定されるケースではオペレーターが陸から遠隔操船するハイブリッド型です。現在は、船舶を取り巻く波や風などの幅広い気象条件下で作動する各種センサーの動作試験や、遠隔操船シミュレーション・システムの開発を進めている段階で、2020 年までの商用化をめざしています[16]。

(4) コンテナおよびコンテナトレーラーの到着情報の活用

　輸入コンテナをターミナル外へ搬出する外来トレーラーの到着情報は、ターミナルオペレーターにとって入手困難な情報であるため、事前に搬出コンテナを取り出しやすくするための荷繰り作業を行うことができません。このため、現在は搬出トレーラーが到着してからコンテナの荷繰り作業を行う必要があります。

しかしながら、コンテナ貨物情報の EDI（電子データ交換）化と GPS を活用した外来トレーラーへのナビゲーションシステムの普及が急速に進んだことから、輸入コンテナ搬出トレーラーの到着情報と当該コンテナの情報を、オペレーターが事前に入手することが技術的に可能となりつつあります。この情報をもとに、ターミナル内で本船荷役に割り当てられていないヤードクレーンを活用して輸入コンテナの荷繰り作業を適切に行うことで、ターミナル作業が効率化されることが分析・報告されています[17]。この分野は、今後の技術革新と実務への応用が大いに期待されます。

(5) コンテナトレーラーの自動運転・隊列自動走行

トラックなどの大型貨物車両は、高速道路の走行時間が長く、高速道路は線形が比較的単純で歩行者もいないため、自動運転技術がより導入しやすいといわれています。自動車メーカーや IT 企業による自動車の自動運転技術の開発が急速に進むなか、米国ではすでに高速道路でのトラックの自動運転に関する実証実験が始まっています。しかし、自律的な自動運転の実現にはまだ時間がかかりそうです。一方で、高速道路を対象とした隊列自動走行はハードルが比較的低く、日本でも実現可能性が高いといわれています。日本政府は、隊列自動走行に関する実証実験を 2018 年度より開始し、2020 年度にはひとつの車線を複数台の車が隊列を組んで走る隊列自動運転システムを、新東名高速道路の一部で実用化する目標を掲げています[18]。

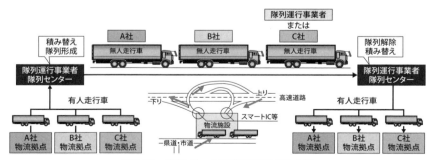

図 2.15　大型トラックの隊列事業モデルの例
（出所：「第 4 次産業革命（Society 5.0）・イノベーション」会合第 3 回（資料 6））

具体的には図 2.15 に示すような隊列事業モデルが検討されています [19]。これをコンテナトレーラーに置き換えると、輸入コンテナの場合は、隊列走行トレーラー専用の隊列配車センターをコンテナターミナルの内部かその直背後に設け、目的地別に必要台数分の参加車を集約する必要があります。また、輸出コンテナの場合は、複数台の隊列走行トレーラーが同時に隊列配車センターに到着するので、ターミナルのゲート混雑を最小化できるように、参加トレーラーを隊列配車センターからゲートへ適切に誘導する必要があります。

【参考文献】

1) 田村幸士「第 1 章　貿易と国際物流の仕組み」、小林潔司・古市正彦編著『グローバルロジスティクスと貿易』、ウェイツ、2017 年、16-29 頁

2) 「コンテナ・ラウンド・ユース推進の手引き（第 2 版）」、（公社）日本ロジスティクスシステム協会、2015 年

3) International Transport Forum / OECD, The Impact of the Mega-Ships, 2015, p. 18.

4) Furuichi, M. and Otsuka N., Container Quick Delivery Scenario between East Asia and Northwest Europe by the NSR/SCR-combined Shipping in the Age of Mega-ships, IAME Conference Proceedings, Hamburg, August, 2016.

5) 松田琢磨「コンテナ船社再編の歴史的展開と経済学的考察」、2016 年 12 月日本海事新聞

6) 田阪幹雄「第 2 章　関税・通関等の国境を越える手続き」、小林潔司・古市正彦編著『グローバルロジスティクスと貿易』、ウェイツ、2017 年、30-45 頁

7) Jean-Paul Rodrigue, The Geography of Transport Systems, Third Edition, Routledge, 2013, p. 137.

8) 古市正彦「北海沿岸の主要港におけるモーダルシフトへの取り組み」、『港湾』、2011 年 1 月号、日本港湾協会、2011 年、36-37 頁

9) Roso, V., Woxenius, J., Lumsden, K. , The dry port concept: connecting container seaports with the hinterland, Journal of Transport Geography, Volume 17, Issue 5, 2009, pp. 338-345.

10) Enfield ILC　http://www.enfieldilc.com/（2018 年 10 月 22 日アクセス）

11) Caballini, C. and Gattorna, E., The Expansion of The Port of Genoa: The Rivalta Scrivia Dry Port, Transport and Communication Bulletin for Asia and the Pacific, 2009, pp.73-86.

12) 古市正彦「第18章　コンテナ船の大型化による規模の経済・不経済」、小林潔司・古市正彦編著『グローバルロジスティクスと貿易』、ウェイツ、2017年、285-300頁

13) Wijnolst, N., Scholtens, M., Waals, F., Malacca-Max; The Ultimate Container Carrier, Delft, The Netherlands, University Press, 1999.

14) 「インタビュー マースクライン CEO ソレン・スコウ氏」、『日刊 CARGO』、2015年9月24日

15) 篠原正治「連載「世界 CT 見聞録」⑫」、『海事プレス』、2016年11月17日（木）、海事プレス社

16) 「無人船が示す未来、「全地球 IoT 網」のインパクト到来、無人船時代（上）」、『日本経済新聞電子版』、2016年11月16日

17) 瀬木俊輔・二宮保・木本浩「トレーラー到着日の事前情報を活用したコンテナヤードの荷役効率改善策」、第53回土木計画学研究発表会、2016年5月28-29日

18) 高度情報通信ネットワーク社会推進戦略本部・官民データ活用推進戦略会議、「官民 ITS 構想・ロードマップ 2017」、平成29年5月30日

19) 未来投資会議・構造改革徹底推進会合、「第4次産業革命（Society 5.0）・イノベーション」会合第3回（資料6）、2016年12月15日

第 3 章

世界のエネルギー輸送

　日本は一次エネルギーの自給率が低く、ほとんどのエネルギー資源を海外からの輸入に頼っています（図 3.1）。図 3.2 は原油と液化天然ガス（LNG）の輸入量の推移を示しています。原油の輸入量はガソリン需要の低下などに伴い減少傾向にあるのに対し、LNG の輸入量は 2000 年代後半の増加を経てここ数年は横ばい傾向にあります。LNG は火力発電の燃料として利用されており、東日本大震災が発生した 2011 年以降、原子力発電の代替として利用されています。日本には原油や天然ガスの国際パイプラインは敷設されていないことから、これらの輸入はすべて船舶によって行われています。

　次に、これらのエネルギー資源の輸入国をみてみましょう。日本が 2016 年に輸入した原油の輸出相手国の比率（数量ベース）を図 3.3 左に、同じく LNG の輸出相手国の比率（重量ベース）を図 3.3 右に示します。まず図 3.3 左をみると、原油はサウジアラビアやカタールなどの中東地域（図 3.3 左において、黒枠で囲まれている国）から集中して輸入していることがわかります。一方、図 3.3 右から、天然ガスは中東地域のみならず、インドネシアやオーストラリアなどからも輸入していることがわかります。輸出相手国やその周辺で有事が生じるとその国から輸入できなくなる可能性が高まるので、特定の国や地域に大きく依存している状況は好ましいとはいえません。また、輸出国のみならず、輸送経路周辺の有事も輸入に影響を与えます。したがって、輸送経路におけるリスクを考慮しつつ、さまざまな国や地域から輸入することが理想的です。一方で、遠い国からの輸入では多額の輸送費用がかかってしまうというデメリットもあります。コストとリスクにいわゆるトレードオフの関係があることから、コストをはじめと

図 3.1　原油タンカーの荷揚げ
（出所：日本エネルギー経済研究所 石油情報センター）

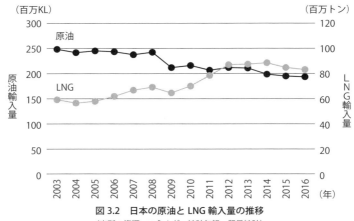

図 3.2　日本の原油と LNG 輸入量の推移
(出所：資源・エネルギー統計年報、貿易統計)

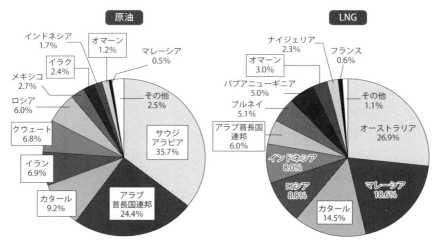

図 3.3　日本の原油および LNG 輸入における相手国別シェア（2016 年）
(出所：資源・エネルギー統計年報、貿易統計)

するいくつかの制約を満たしつつ、輸入全体としてリスクが低くなる相手国や輸送方法の組み合せをみつけることが重要です。

　本章では、日本を中心にして世界のエネルギー資源の輸送動向とそのリスクを評価する方法を紹介し、最適な相手国と輸送方法の組み合せを提示します。

3-1 エネルギー資源の生産・消費・輸送の動向

(1) 原油

　原油の世界生産量は年々拡大しており、BP 世界エネルギー統計 2017[1]（以下、BP2017）によると、2016 年には 1 日あたり 9,215 万バレルの原油が生産されています。国別の生産量を図 3.4 に示します。最も生産量が多い国は米国であり、1 日あたり 1,235 万バレル生産しています。ほぼ同量をサウジアラビアでも生産しています。3 位はロシアで 1,123 万バレルの生産量となっています。地域別のシェアでは、中東地域が 34.5 ％となっています。

　一方、同じく BP2017 によれば、2016 年における原油の消費量は 1 日あたり 9,656 万バレルであり、生産量を上回っています。前年までの在庫を消費した可能性もありますが、BP2017 では 1981 年以降消費量が生産量を上回り続けており、BP2017 には傾向誤差が含まれていると推察されます。国別の消費量を図 3.5 に示します。最も消費量が多い国は米国であり、1 日あたり 1,963 万バレル消費しています。これは全世界で消費される原油の 20 ％強に相当します。2 位は中国で 1,238 万バレル、3 位はインドで 449 万バレルです。日本は 4 位で 404 万バレル消費しています。

　次に、各国の生産量と消費量との差を計算してみましょう。図 3.6 は生産量から消費量を引いた値を示しています。図 3.6 で灰色で示されている国は生産量のほうが多いことを示しており、黒色で示されている国は消費量のほうが多いことを示しています。中東地域やアフリカに生産量のほうが多い国がみられる一方で、ヨーロッパやアジアに消費量のほうが多い国がみられます。大雑把にいえば、灰色で示されている国が輸出国であり、黒色で示されている国が輸入国となります。実際の国・地域間のおもな輸送状況を図 3.7 に示します。図 3.6 において灰色で示されている国から黒色で示されている国に向かって原油が輸送されていることがわかります。

(2) 天然ガス

　原油と同様に、BP2017 を利用して天然ガスの生産・消費・輸送についてみてみましょう。図 3.8 は国別の天然ガスの生産量（2016 年）を示しています。

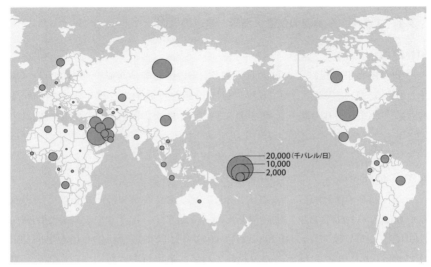

図 3.4　原油の国別生産量（2016 年）
（出所：BP2017[1)] より筆者作成）

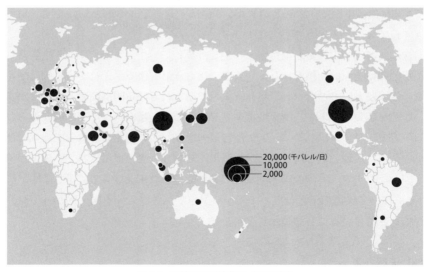

図 3.5　原油の国別消費量（2016 年）
（出所：BP2017[1)] より筆者作成）

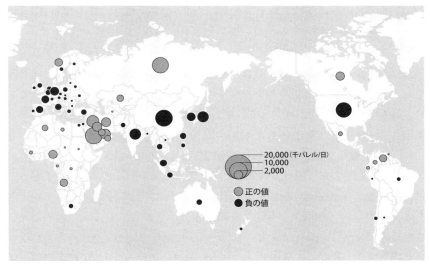

図 3.6　原油の国別生産量と消費量の差（2016 年）
（出所：BP2017¹⁾ より筆者作成）

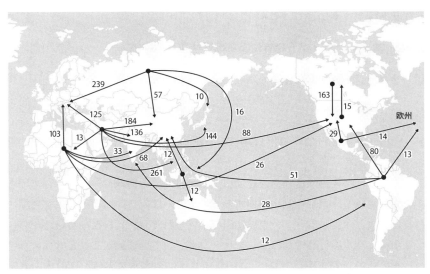

図 3.7　世界の原油のおもな移動（2016 年、単位は 100 万トン）
（出所：BP2017¹⁾ より筆者作成）

シェールガスの生産が拡大している米国が最大の生産国であり、年間で 7,492 億 m³ を生産しています。2 位はロシアで 5,794 億 m³ を生産しています。

次に、図 3.9 に示した消費量をみると、生産量と順位は変わらず、米国が 1 位、ロシアが 2 位となっています。図 3.10 に示した生産量と消費量の差をみると、米国の消費量は生産量を上回る一方で、ロシアは生産量が上回っており、最大の輸出国となっています。そして、最大の輸入国は日本です。日本は年間で 1,112 億 m³ を消費しており、それらのほとんど（1,107 億 m³）を LNG として輸入しています（残りは国内生産）。原油の輸送と大きく異なるのは、国際輸送をおもに担っているのがパイプラインであるということです。全世界の天然ガス輸送の 68％は、パイプラインによって行われています。図 3.11 はおもな国・地域間の輸送量を輸送手段別に表しています。原油と比べて資源の賦存地域の偏りが少ないことから、長距離の輸送があまりみられないのが特徴です。ただし、最近では、パナマ運河の新閘門を LNG 船が通航可能となったことで米国から東アジア向けの LNG 輸出が始まったり（第 4 章参照）、ロシアのヤマルからインド等への輸送も行われる（第 6 章参照）など、輸送状況は年々変化しています。

3-2　チョークポイント比率による輸送リスクの評価

（1）チョークポイントとは？

　日本は、原油タンカーや LNG 船によってエネルギー資源を輸入しています。輸送の際の安全確保は、エネルギー安全保障の上でも非常に重要な要素です。資源エネルギー庁が毎年公開しているエネルギー白書 [2] では、輸送の際のリスクとして「チョークポイント・リスク」があげられています。チョークポイントとは、物資輸送経路として広く使われている海峡や運河をさしています。その海域でテロや海賊に遭遇する [3]、あるいは何らかの理由により封鎖されることなどが生じると、大きく迂回を強いられたり、代替となる経路が存在しなかったりする可能性があり、チョークポイントを通航することはリスクとして考えられています。実際に、2010 年 8 月にホルムズ海峡を通航中の商船三井のタンカーが、テロリストによる攻撃を受けた事例も報告されています。

　以下では、船舶ごとに寄港した場所を時系列に把握した船舶動静データをも

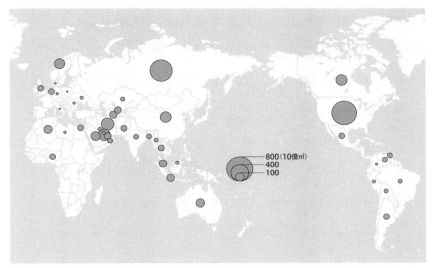

図 3.8　天然ガスの国別生産量（2016 年）
（出所：BP2017[1] より筆者作成）

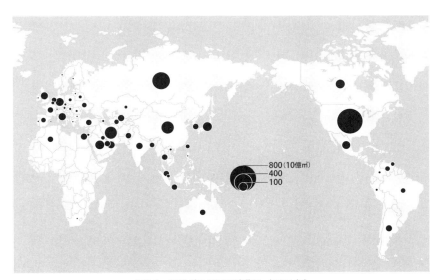

図 3.9　天然ガスの国別消費量（2016 年）
（出所：BP2017[1] より筆者作成）

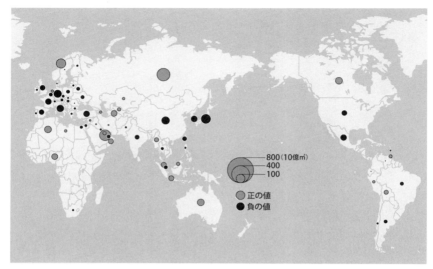

図 3.10　天然ガスの生産量と消費量の差（2016 年）
(出所：BP2017[1] より筆者作成)

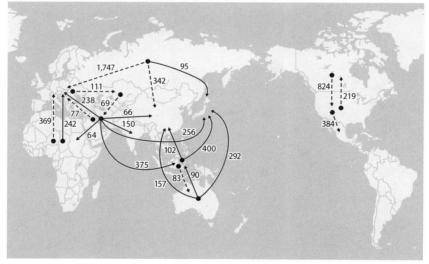

図 3.11　世界の天然ガスのおもな移動（2016 年、実線は船舶による輸送、破線はパイプラインによる輸送、域内の輸送は除く、単位は億 m³）
(出所：BP2017[1] より筆者作成)

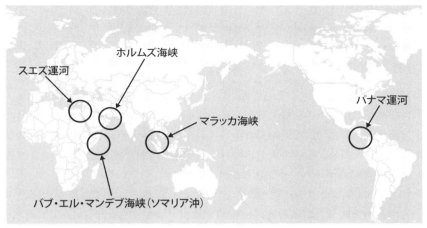

図 3.12 チョークポイントの例
(出所:筆者作成)

とに、図 3.12 で示したチョークポイントの通航実態を把握していきます。

(2) 輸送状況の把握

　Lloyd's List Intelligence 社が提供している船舶動静データは、船舶ごとに寄港地(港、運河、海域等)を時系列にまとめた寄港実績を表しています。ただし、寄港地間の詳細な経路に関する情報は含まれていません。また、寄港実績に加えて、船舶ごとに貨物の最大積載量の重量を表す載貨重量トン(DWT)など船舶の諸元に関するデータも含まれている一方で、積み荷の状態は含まれていないため、貨物の実際の輸送量を把握することはできません。そこで、経路と輸送量の推計を試みます[4]。

① 輸送経路の推計

　近年では、自動車で移動する場合はカーナビゲーション・システムを、鉄道等の公共交通機関で移動する場合はインターネット上の経路探索システムを利用して、出発地と目的地を結ぶ経路を調べる機会が非常に多くなっています。これらのシステムは、あらかじめ道路ネットワークや鉄道ネットワークを準備して、利用者が出発地と目的地を入力すると、時間や費用を基準としていくつかの経路を列挙するというものです。船舶でも同様に考えて、港、運河、海上

変針点などを頂点とし、頂点間を大圏航路で結んだ海上航路ネットワークを準備して、出発地と目的地間の経路を定めることにします。このとき、航海距離が最も短くなる経路を選択するようにします。実際の航海では気象・海象や水深等も考慮するので、必ずしも航海距離が最短となる経路を選択するわけではありませんが、多くの場合で航海距離が第一の基準であることから、ここでは航海距離のみを基準に経路を選択すると仮定します。ただし、大型の船舶はパナマ運河やスエズ運河を通航できない（パナマックス制限、スエズマックス制限）ことを勘案し、船舶の大きさに基づいて通航可能な経路を制限します。図3.13に海上航路ネットワークを示します。

2010年の原油タンカーについて、すべての航海に対する経路を求めた上で、船舶の通航量を緯度経度1度刻みで集計した結果を図3.14（カラー図は口絵参照）に示します。船舶が多く通航している海域とそうでない海域があることがわかります。

② 輸送量の推計

原油タンカーやLNG船は、コンテナ船のような定期船と異なり、ある地点から別のある地点まで単純な輸送を行うことが多いです。このことを考慮し、船舶動静データにおける寄港地を産油国と非産油国に分類し、ある船舶について時系列的にみて最後に寄港した産油国の寄港地で積み込み、最初に寄港した非産油国の寄港地で揚げ卸しをしたと仮定します。また、輸送量はその船舶の最大積載量（DWT）とします。これらの仮定が妥当であるか確認するため、貿易統計による国別の輸入実績と比較したところ、両者はおおむね一致するという結果が得られたので、船舶動静データを利用して経路と輸送量をおおむね把握できることが明らかになりました。

（3）チョークポイント比率の比較

輸送リスクを定量的に評価するために、「チョークポイントを通航して輸送されている資源の総量が総輸入量に占める割合」を**チョークポイント比率**（％）として算出します。ただし、チョークポイントを複数回通航する場合はその都度計上します。たとえば、総輸入量が200のとき、チョークポイントを1回だけ通航して輸送された資源の量が100で、チョークポイントを2回通航し

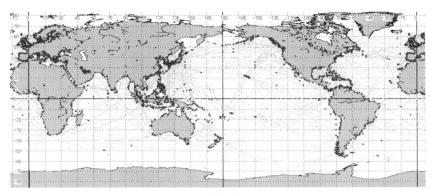

図 3.13　海上航路ネットワーク
(出所：筆者作成[4])

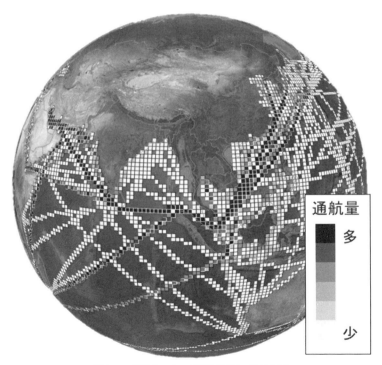

図 3.14　原油タンカーの通航量分布（2010 年）
(出所：筆者作成[4])

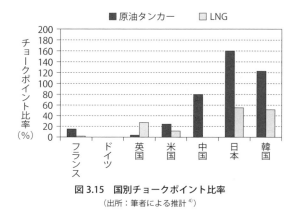

図 3.15 国別チョークポイント比率
(出所:筆者による推計[4])

て輸送された資源の量が 100 であればチョークポイント比率は 150（＝（100 ＋ 2 × 100）÷ 200）となります。この考え方はエネルギー白書にも用いられているものです。

図 3.15 に国別エネルギー別のチョークポイント比率を示します。まず、東アジアの 3 カ国のチョークポイント比率が高いことがわかります。とくに原油は、ホルムズ海峡とマラッカ・シンガポール海峡を通って中東地域から輸入されているので、チョークポイント比率が高くなっています。ただし、中国のチョークポイント比率が日本と韓国よりも低くなっています。これは、チョークポイントを通らない南米からも中国が原油を輸入していることが要因として考えられます。一方、日本や韓国の LNG のチョークポイント比率は原油よりも相対的に低くなっており、チョークポイントを通らないロシアや東南アジア、オーストラリアからの輸入がある程度確保されていることが要因として考えられます。

以上をまとめると、原油の輸送リスクは LNG の輸送リスクよりも高く、また地理的にほぼ同等の条件である中国は日本の半分程度となっていることから、原油に関して、日本も輸入先の多様化を図っていく必要があることが示唆されます。

3-3　最適な輸入量と輸送方法の組み合せ

　本節では、**輸入全体としてリスクが低くなる相手国や輸送方法の組み合せ**[5]
をみつけていきます。ここでのリスクは、前節で述べたチョークポイントの通
航によるリスクと航海中に海難事故に遭遇するリスクから構成される**輸送リス
ク**と、輸出国で生じる**カントリーリスク**の二つを考えます。カントリーリスク
事象の具体的な例は、他国からの経済制裁による輸出の禁止や軍事衝突などに
よる輸出困難などです。カントリーリスク事案が生じると、輸送方法によらず
その国からの輸出が完全に途絶されると考えます。一方、輸送リスク事象が生
じた場合、輸送中の船舶のみが影響を受けると考えます。いずれか（あるいは
両方）のリスク事象が生じると輸入量が減少することになります。結果とし
て、エネルギー資源の輸入が計画どおりに進まずに、輸入量に不足が生じると
国民生活に大きな影響を与える可能性があります。そのため、リスク事象の発
生を見込み、本来の需要よりも多めに輸入計画を立案することが考えられます
が、過大な余剰は収益を圧迫するので、どの程度多めにするのか適正量を見極
める必要があります。

　そこで、金融工学の分野で用いられているポートフォリオ選択理論を利用し
て、各輸出国からの輸入量を決定することとします。ポートフォリオ選択理論
とは、株式や債券など値動きの異なる資産を適切に組み合せて、リスクの最小
化とリターンの最大化の両立をめざすというものです。ここでは、ある輸出国
から輸入できなくなること（輸入量の変動）をリスクとしてこれを最小化し、
リターンの最大化は輸送コストの最小化と置き換えて計算します。得られる結
果は各輸出国からの輸入量の組み合せなので、次にそれをどのように輸送する
のかという輸送方法を決める必要があります。ここでは、輸送方法を「大きさ
（積載可能量）の異なる船舶が多く存在している状況で、どの船舶を利用して
輸送するのか」ということに限定して考えてみます。大きな船舶を用いると単
位輸送コストは下がりますが、輸送リスク事象に遭遇したときは損失が大きく
なります。小さな船舶ではその逆になると考えます。したがって、コストを重
視すれば大型船で輸送することになり、リスクを重視すれば小型船で輸送する
ことになるので、リスクの最小化とリターンの最大化（コストの最小化）の両

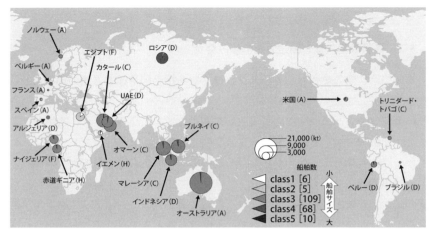

図 3.16　出力された輸入計画の例
（出所：筆者による推計[5]）

立をめざすには、大きさの異なる船舶の適切な組み合せをみつける必要があります。ここまでの計算で、輸出国ごとの輸入量と船舶の割当てが決まった輸入計画が出力されることになります。

　LNG を対象として、出力された日本の輸入計画の例を図 3.16 に示します。図 3.16 は各輸出国からの輸入量を円の大きさで表しています。また、船舶の大きさに基づいて 5 つのカテゴリーに分類し（class1 から class5 の順に大きくなる）、それらの船舶による輸送量の比率（＝そのカテゴリーの船舶での輸送量÷総輸送量）を円の中の濃淡で表しています。なお、輸入先の国名の横に記述しているアルファベットは日本貿易保険[6]に基づくカントリーリスクを表しています（A がリスクが最も小さく、H が最も大きい）。図 3.16 をみると、チョークポイントを通航しないロシアからの輸送に class4 の大きな船舶を多く使用しています。また、チョークポイントを通航する必要のある、たとえば、エジプトやイエメンからの輸送には class1 や class2 の小さい船舶を使用していることがわかります。赤道ギニアのようなカントリーリスクが高い国からの輸入も行われていることから、全体のリスクを減らすために相手国を増やすという観点から、ある程度カントリーリスクの高い国からの輸入も必要であることがわかります。

【参考文献】

1）『Statistical Review of World Energy 2017』、BP、2017 年

2）『エネルギー白書 2017』、資源エネルギー庁、2017 年

3）渡部大輔・永田康宏・鳥海重喜「ソマリア周辺海域における海賊活動の地理的分布の変化」、『日本航海学会論文集』、2015 年 132 巻、日本航海学会、2015 年、44-50 頁

4）鳥海重喜・高嶋隆太「海上航路ネットワークとエネルギー資源の国際輸送におけるチョークポイント分析」、『GIS―理論と応用―』、2013 年 21 巻 1 号、地理情報システム学会、2013 年、47-55 頁

5）稲田啓佑・鳥海重喜・高嶋隆太「エネルギー資源の国際海上輸送におけるリスク評価」、『日本エネルギー学会誌』、2017 年 96 巻 5 号、日本エネルギー学会、2017 年、128-138 頁

6）日本貿易保険「国カテゴリー表（2016 年）」http://nexi.go.jp/cover/categorytable

第 4 章

世界貿易を支える 2 大運河：スエズ運河とパナマ運河

4-1　世界海運のチョークポイントと 2 大運河

　序章で述べたように、世界経済の 3 大中心である北米、欧州、および東アジアを互いに結ぶ海上輸送航路は基幹航路とよばれ、第 2 章でみたように、長距離輸送のため規模の経済性がより追求され、多くの大型船が投入される傾向にあります。たとえばコンテナ船についてみれば、多くのコンテナ船が基幹航路を中心に世界中を航行しており（図序.2 参照）、また世界の主要コンテナ港湾の多くが基幹航路沿いに位置します（図 4.1）。

　なお、図 4.1 には、コンテナ港湾とともに主要なチョークポイントも示されています。第 3 章でも触れたように、「チョークポイント」とは、世界の海上輸送ネットワーク上で戦略的に重要な要衝・隘路（ボトルネック）をさし（現代では転じて他の交通モードにおけるボトルネックも含めることもあるようで

図 4.1　世界の主要コンテナ港湾＊とチョークポイントの例
(出所：柴崎 1)、2))

す）、本章で紹介するスエズ・パナマの両運河が開通した時代でもある、19世紀末から20世紀初頭にかけて英国海軍元帥として活躍した、フィッシャー男爵により初めて使用されたとされています。世界海運の主要なチョークポイントには、基幹航路沿いに位置するスエズ運河やパナマ運河といった人工水路や、マラッカ海峡、ジブラルタル海峡、バブ・エル・マンデブ海峡といった自然に形成された狭隘な水路も含まれます。

　本章で注目するスエズ・パナマの両運河は、今からおよそ100〜150年前の19世紀後半から20世紀前半にかけて開通しました。第1章でみたように、両運河の開通は、アフリカ大陸南端の喜望峰や南米大陸南端のホーン岬を経由しなければならなかった、大航海時代以来の海上輸送ルートを一変させるものでした。また最近では、スエズ運河は2015年に、パナマ運河は2016年に、それぞれ拡張工事が完了しました。なかでも航行可能な船舶サイズの拡大を伴うパナマ運河の拡張は、上記基幹航路など世界規模の海上輸送に大きな影響を与えると考えられます。

　以下では、このように世界経済を支える基幹航路沿いに位置し、世界の主要なチョークポイントとも位置づけられ、それが利用できなかった場合には大きな迂回が必要となり、世界の貿易環境や経済にも大きな影響を与えるであろう両運河の現状について、拡張工事の実態を含め概観し、今後を展望します。

4-2　スエズ運河の現状と展望

　スエズ運河は、地中海と紅海を南北に結ぶ全長約160kmの運河です。フランス人であるレセップスの指揮により1869年に開通したのち、まずフランス、その後イギリスによって長い間支配されていましたが、1956年にエジプトのナセル大統領が国有化を宣言し、その結果引き起こされた第二次中東戦争（スエズ危機）では半年間の運河の閉鎖を余儀なくされたものの、結果として国有化は成功し、その後はエジプト政府により管理・運営されています。この間、第三次中東戦争（1967年）勃発から第四次中東戦争（1973年）が終結して混乱が収まるまでの約8年間にわたり閉鎖されるなど、波乱の時期もありましたが、こんにちでは国際経済・海運を支える最重要な水路として多くの船舶が利用しています。

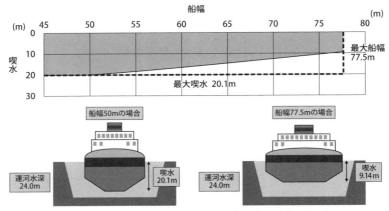

図 4.2　スエズ運河を通航可能な船舶サイズ（船幅と喫水の組み合せ）
（出所：スエズ運河庁ウェブサイト[3]より作成）

図 4.3　スエズ運河を航行する巨大コンテナ船（マースク EEE クラス）
（出所：2014 年 11 月筆者撮影）

　スエズ運河は、あとでみるパナマ運河と違って閘門のない海面式の運河なので、通航可能な船舶のサイズの上限は、運河そのものの断面により決まります（図 4.2）。パナマ運河とは異なり、コンテナ船（図 4.3）やクルーズ船、自動車航送船などについては、現存する世界のすべての船舶が通航可能で、その他の船舶についても、容量ベースでバルクキャリアの 95％以上、タンカーの約 2/3 が通航可能です[3]。

　また、スエズ運河の水路は原則として一方通行です。船舶は船団を組み、毎日明け方に運河両端のポートサイドとスエズを出発し、途中数箇所の行き違いが可能な区間で行き違い、当日夕方頃に反対側へ抜けるという流れになって

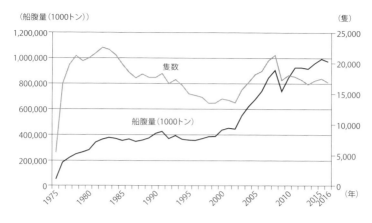

図 4.4 スエズ運河通航船舶の推移
(出所：スエズ運河庁アニュアルレポート 2016[3])

います。このため、スエズ運河の通航容量は、航行管制技術の向上などによる船舶同士の間隔や航行速度などの改善が見込めなければ、行き違い区間の長さと最長の単線区間の長さで決まることになり、拡張工事完了直前の容量は、両方向合計で1日84隻程度とされていました。これに対し、最近のスエズ運河の年間通航船舶数は 17,000 隻前後（図 4.4、1日平均 50 隻前後）を推移しており、あとでみるパナマ運河と異なり、通航容量にはなお余裕がある状況です。

　そのような状況のなか、2014 年 8 月にエジプト政府により公表された「新スエズ運河構想」は、既存航路の拡幅や新航路の建設によって行き違い区間を約 70km 延長し（図 4.5）、両方向の船舶がこれまでのように途中停止することなく行き違い可能となることで、運河の通過時間の短縮をめざすものでした。総工費 90 億米ドルといわれる工事は大方の予想を覆しわずか 1 年で完了し、2015 年 8 月には完成式典が行われました。

　ただしこの「新運河」は、運河通過時間の短縮には貢献するものの、パナマ運河のように、通航可能な船舶の最大サイズを拡大するものではありません。また、地形の関係上、スエズ寄りに位置する最長単線区間の短縮には至っていないことから、通航容量の拡大もそれほど大きなものではありません。このた

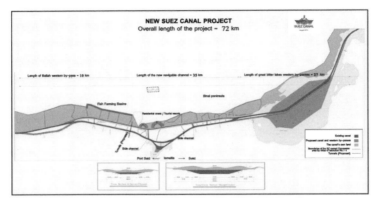

図 4.5 スエズ運河拡張プロジェクト位置図
(出所：スエズ運河庁ウェブサイト [3])

め、本プロジェクトは、2011年に発生したアラブの春以降の治安の悪化に伴う観光客の減少等により経済的苦境にあるエジプトの、経済対策的意味合いも大きかったと思われます。

　スエズ運河庁としては、この拡張工事によって通航船舶数が増加することを期待していたようですが、現実にはむしろ直近の海運需要の低迷や燃料費の低下によって輸送距離や所要時間を節約するインセンティブが下がり、スエズ運河を迂回して喜望峰を経由する動きが、タンカー等だけでなく、本来は輸送時間重視であるはずのコンテナ船などにも広がってしまいました。この傾向はとくに北米東岸～アジア間コンテナ航路の東航（北米東岸→アジア）が顕著で、2014年に初めてこのような航路が出現し、2016年には週5便まで拡大しました。実際に、序章図序.2 に示したコンテナ船就航状況（2016年秋）をみても、喜望峰を経由する東航コンテナ船が多く観察されます。

　このような情勢を受け、スエズ運河庁としては、以前より柔軟に通航料金を設定することにより、通航船舶数の維持・拡大をめざす方針をとっているようです。従来より、喜望峰経由ルートと競合的な特定の発着港間を航行するドライバルク船などについては、通航料金のディスカウントが行われてきたところですが、これに加え、上述のように喜望峰経由にシフトしたコンテナ船を呼び戻すための大幅なディスカウントも行われ、このような施策が功を奏し、結果

として 2017 年には、喜望峰経由のコンテナ航路はすべてスエズ運河経由に復帰したとのことです。

4-3　パナマ運河の現状と展望

　パナマ運河は、太平洋とカリブ海を南北に結ぶ全長約 80km の運河です。初めは、スエズ運河を開通させたレセップスが勢いを駆って海面式の運河を計画したものの、スエズ地峡とは地形や気候が大きく異なったこともあって途中で頓挫し、フランス本国では疑獄事件にまで発展してしまいました。そこで、自国の東岸地域と西岸地域を結ぶ海上輸送路を欲していた米国によって、建設費用がより少なくてすむ閘門式の運河として建設が再開され、1914 年に開通しました。この際米国は、当時コロンビア領であった一帯をパナマとして独立させ、運河の建設権と周辺地区の永久租借権などを獲得して建設にあたりました。運河管理の主権がパナマに返還されたのは 1979 年であり、その後共同管理の期間を経て、完全にパナマの管理下に入ったのは 1999 年のことでした。

　パナマ運河を通過する船舶は、太平洋側と大西洋側の双方に設置された 3 段の閘門により、海抜 26m の水路上を航行します（図 4.6）。閘門のサイズ、およびこの閘門を航行可能な船舶の最大サイズ（パナマックス船とよばれます）は、図 4.7 左上に示すとおりであり、コンテナ船では 4,500TEU 積み前後の船が相当します。これを踏まえて第 2 章の図 2.7 に示した世界のコンテナ船の最大サイズの推移をみれば、1960 年代に初めて出現したコンテナ専用船の最大サイズは、1990 年代の前半まではパナマ運河の通航可能サイズによって規定されていたものの、その後はパナマ運河の通航を諦めることで急速に大型化が進んだことがわかります。このようにコンテナ船の大型化が進展した結果、パナマ運河は現代のコンテナ輸送においてはもはや比較的小さなサイズの船舶しか航行できない運河となってしまいました。これは、コンテナ船よりも船型が大きいタンカーやバルクキャリアではより顕著であり、また近年大型化の進んでいるクルーズ船についても、10 万トンを超えるような大型船は航行できない状況になっています。

　このような状況を解決するため、パナマ政府は、20 世紀末に運河の管理権が完全に返還されたことを契機に、既存の 2 レーンの閘門に加え、新たな閘

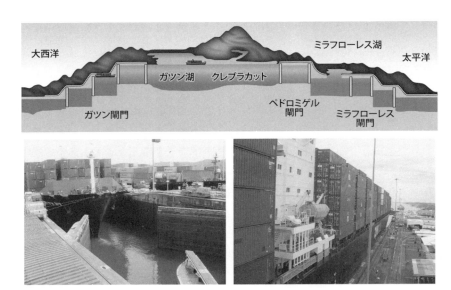

図 4.6 パナマ運河断面図および既存閘門通過の状況
（出所：（断面図）パナマ運河庁ウェブサイト[4]より作成、（写真）2004年5月筆者撮影）

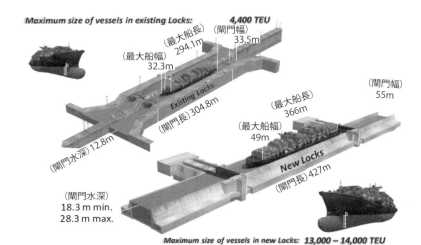

図 4.7 パナマ運河既存閘門（左）および新閘門（右）のサイズおよび航行可能な最大船舶サイズ（出所：パナマ運河庁ウェブサイト[4]）

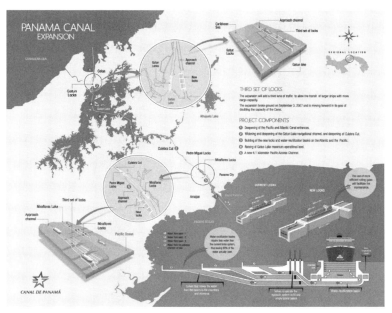

図 4.8 パナマ運河拡張工事の概要
(出所：パナマ運河庁ウェブサイト[4])

門（第3閘門）の建設を本格的に検討し始めました。2006年のプロポーザルの公表、および国民投票での承認を経て、開通100周年（2014年）の完成をめざして拡張工事が開始されました。結果として当初の目標期限には間に合わず、それから約2年後の2016年6月26日に開通しました。拡張工事には、クレブラ・カットなどの航路の増深や拡幅、運河入り口の泊地の拡張なども含まれる（図4.8）ものの、最大の工事は新閘門（第3閘門）およびその操作に必要となる水の確保を目的とした貯水池の建設でした。

新閘門および航行可能な最大船舶サイズは図4.7右下に示すとおりで、新閘門を航行可能な船舶サイズの上限は、ネオ・パナマックス（またはニュー・パナマックス）サイズとよばれ、コンテナ船であれば13,000〜14,000TEU積み前後の船が相当します。逆にいえば、第2章図2.7に示したとおり現状20,000TEU超まで存在するコンテナ船が、すべて新閘門を通過できるわけではありません。また、大型クルーズ船についても、新閘門自体は世界最大級の

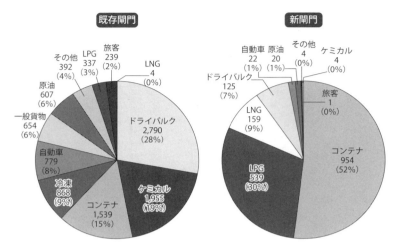

図4.9　2016年度（2016年10月〜2017年9月）のパナマ運河通航実績：
　　　既存閘門（左）および新閘門（右）
（出所：パナマ運河庁ウェブサイト[4]）

クルーズ船でも通航可能なサイズであるものの、途中にかかる橋脚によりマスト高が57.9m以下に制限されているため、これを超える船舶は引き続き航行できません。なお、新閘門操作の習熟を受け、運用開始から約2年後の2018年6月より、通過可能な船舶の船幅の上限が、49mから51.25mに引き上げられました。

　新閘門開通後の1年間にパナマ運河を航行した船舶の実績を図4.9に示します。図右に示す新閘門の1年の航行実績は、両方向合計で1,828隻（1日平均約5隻、2018年5月現在では1日8隻まで航行可能）であり、そのうち半数超をコンテナ船が占め、LPG船やLNG船も多くなっています（図4.10）。図4.9左に示す既存閘門の船種内訳と比べると、構成が大きく異なっていることがわかります。

　コンテナ船については、上述のとおり新閘門の航行実績の半数超を占めますが、パナマ運河庁の当初の想定よりは航行実績が少なかったようで、2017年10月から通航料の値引きを実施して利用の拡大に努めています。その背後にあるのは、前述のスエズ運河を経由するルートなどとの、輸送ルートの世界的な競合です。近年では、コンテナ船の大型化が急激に進んだこともあり、とく

に北米東岸〜東アジア航路でスエズ運河経由ルートとの競合が激化しており、パナマックス以上の大型船が航行できないパナマ運河の競争力が低下し、Containerisation International 誌[5]によれば2013年末には当該ルートのパナマ運河シェアが史上初めて50%を切るなど、両ルートが拮抗した状況でした。このうち中国発北米東岸着航路について、筆者が試算した各年のルート別船腹量や平均船舶サイズを図4.11に示します。図に示すとおり、運河拡張後には、

図 4.10　パナマ運河新閘門を通過するコンテナ船（上）および LNG 船（下）（出所：2017年9月筆者撮影）

パナマ運河経由のシェアが回復傾向にあり、2017年8月時点では74%と、2010年のシェアに近い水準にまで回復しました。

一方で、同時期に同航路のパナマ運河経由ルートのコンテナ船の平均サイズは、拡張前の4,400TEU（パナマックス・サイズ）から、スエズ運河ルートとほぼ同水準の8,000TEU超まで急激に増加しました。これらの結果は、筆者らがかつて、北米東岸〜東アジア航路を対象にコンテナ船の運航ルート選択モデルを適用し、運河拡張後にパナマ運河ルートがスエズ運河ルートとほぼ同程度の船舶サイズになった場合、2010年頃の水準にパナマ運河シェアが回復すると予測した[6]とおりの結果になっています。このような急激な大型化は、今後、アジアにおける寄港地の絞り込みや航路再編などを伴う可能性があり、欧州〜東アジア航路に就航するコンテナ船が急激に大型化した際に本船の寄港の減少を経験しているわが国の港湾にとっては、注意が必要です。

一方で、拡張前のパナマ運河航行実績がなかったLNG船は、米国産シェールガスの輸出解禁も予想されていたことから、拡張後の利用が期待されていたところであり、実際に2017年1月に米国産シェールガスのわが国への初めて

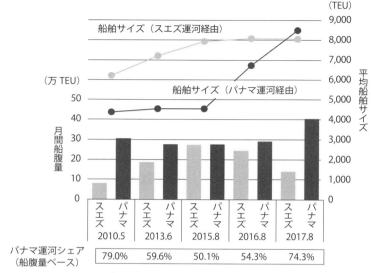

図 4.11 中国発北米東岸着航路のルート別月間船腹量と平均船舶サイズ
(出所：MDS containership databank 各年データより筆者作成)

の輸入がパナマ運河経由で行われるなど、順調に利用が進んでいます。このため、コンテナ船の通航料引き下げと同じタイミングで、LNG 船の通航料が LPG 船とともに引き上げられました。さらに、わが国からの働きかけなどもあり、安全上の観点等から課されている、1 日 1 隻程度かつ片方向に限定された航行や閘門通過を日中のみに制限する規則などが、2018 年秋に撤廃される見通しです[4]。

　加えて、パナマ運河拡張により今後予想される影響としてもう一点指摘しておきたいのは、これまでパナマ運河を通過する基幹航路において大量に使用されていたパナマックス船がより大型の船舶に置き換えられ、余ったパナマックス船がよりローカルな航路に転配されるという、いわゆるカスケード効果です（章末の column1 参照）。コンテナ船を例にとれば、すでにアジア域内航路では 4,000TEU 前後の船腹量を有するコンテナ船が多く就航しており、ローカル航路の大型化（パナマックス船への置き換え）が今後さらに進むことが予想されます。一方で、パナマックス船は、パナマ運河を通過するために、船幅に

対して船長が長い歪な構造となっており、使い勝手が悪いとの指摘もあります。

　最後に、2017年6月に、パナマ運河庁長官が第4閘門建設の可能性について言及したとの新聞報道があった点について触れておきます。通航需要が順調に増加すれば、2025年までに開通させる必要性があり、すでに第3閘門の脇に用地も確保されているという内容です[7]。もちろん、第3閘門と同様に国民投票を行う必要があり、また資金調達手段など、実現するためには多くのハードルを越えなければなりませんが、単なるアドバルーンと一笑に付すことができないのは、同時期にパナマ政府が台湾と断交し、中国共産党政府と国交を結んだことが影響しています。他国の事例では、中国はこのような外交関係の「乗り換え」にあたって何らかのプレゼントを実施することがあり、それと関連付けて受け取る向きもあるようです。

　最近では、近隣国であるニカラグアにおいても、全長約260kmのニカラグア運河の計画があり、これも中国が支援しているといわれています（香港系企業によって2015年に着工式が行われています）。この計画は、現代の通航ニーズ（幅員230〜280m、水深27〜29mというスエズ運河以上のサイズが想定されているようです）を前提とすれば、結局100km以上にわたる人工水路および閘門を建設する必要があり、総工費は500〜700億ドルともいわれ、資金調達などの面からいって、着工式がすでに行われた状況にもかかわらず、現時点での実現性はあまり大きくないとみられます。上記の状況を踏まえると、ニカラグア運河よりは、パナマ運河の第4閘門建設のほうがまだ現実味がありそうですが、それがどのようなサイズになるかについては全く不明です。

【参考文献】
1）柴崎隆一「世界海運のチョークポイントのこれまでとこれから」、『運輸と経済』、2016年12月号、交通経済研究所、39-51頁
2）柴崎隆一「第17章　世界規模の海運ネットワークと国際陸上輸送ネットワーク」、小林潔司・古市正彦編著『グローバルロジスティクスと貿易』、ウェイツ、2017年、268-284頁
3）スエズ運河庁　http://www.suezcanal.gov.eg/
4）パナマ運河庁　http://www.acp.gob.pa/eng/
5）Containerisation International, April 2014

6) 柴崎隆一・東俊夫・吉田哲生「スエズ運河に着目したコンテナ船の運航ルート選択モデル」、『土木計画学研究・講演集』、第 51 回、土木学会、2015 年 6 月

7) La Prensa 紙、2017 年 6 月 17 日付（在パナマ日本大使館提供）

column1　パナマ運河拡張後のパナマックス船の行方

　筆者がデータを保有する 2015 年 8 月時点でパナマ運河を航行していたパナマックス船[注1] の、運河拡張後およそ 2 年が経過した 2018 年 8 月時点での就航状況を表に整理しました。パナマックス船が就航していた航路は、基本的に東アジア〜北米東岸・欧州航路と、北米・南米西岸〜北米東岸・欧州航路のいずれかでしたが、両者に就航していたパナマックス船の現在の就航状況を比較すると、大きな相違があることがわかります。

　はじめに、パナマ運河を航行していたパナマックス船の多くを占める東アジア〜北米東岸・欧州航路をみると、2 割以上の船がすでに解撤されています（表中の①）。また、そのままパナマ運河を通過する航路に就航しているもの（②）、およびパナマックス船よりも大きい船も多く就航しているスエズ運河通航航路（③）に就航しているものがそれぞれ 1 割程度、その他の大西洋・太平洋横断航路（④）やアフリカ関係航路（⑥）にもそれぞれ 1 割程度が転配しています。豪州を含むアジア域内航路（⑤）には 2 割以上の船が転配し、その過半数は東アジア〜東南アジア間の航路となっており、東アジアおよび東南アジアがパナマックス船の転配の中心となってい

ることがうかがえます。また、中国国内航路（⑦）へ転配した船も 13 隻あり、内航船の大型化も進んでいます。

　一方、東アジア〜北米東岸・欧州航路ほどは需要が多くないと思われる北米・南米西岸〜北米東岸・欧州航路に就航していたパナマックス船は、3 割以上がそのままパナマ運河を通航する航路に就航しており、一方で解撤された船は少ないものの、アジア域内航路（および他地域の域内航路）への転配は一定数みられます。以上より、スエズ運河を通航する航路への転配もみられるなどカスケード効果は一様とはいえないものの、とくに本文中の図 4.11 でみたように大型化が進んだ東アジア〜北米東岸・欧州航路では、従来就航していたパナマックス船は、解撤された船舶以外は中国国内航路を含む東アジア・東南アジア発着航路への転配が多い結果となり、この地域の船舶の大型化が着実に進んでいることがうかがえます。

【参考文献】

柴崎隆一「スエズ運河とパナマ運河の拡張とグローバル・ロジスティクス・ネットワークへの影響」、『運輸と経済』、2018 年 11 月号、交通経済研究所、44-54 頁

（注 1）　ここでは、「パナマ運河を通過する航路のうち、投入船舶の平均船腹量が 4,000TEU を超える航路に就航していた船舶」と定義しました。

拡張前（2015年8月）にパナマ運河通航航路に就航していたパナマックスコンテナ船の2018年8月現在の就航航路（各航路の位置関係については下図参照）

	2015年8月時点で東アジア〜北米東岸・欧州航路に就航していたパナマックス船		2015年8月時点で北米・南米西岸〜北米東岸・欧州航路に就航していたパナマックス船	
	船舶数	シェア	船舶数	シェア
① 解撤・待機	42	23.1%	4	7.0%
② 東アジア〜北米東岸・欧州航路 または 北米・南米西岸〜北米東岸・欧州航路（パナマ運河経由航路）	22	12.1%	18	31.6%
③ 東・東南・南アジア〜地中海・欧州・北米東岸（スエズ運河経由航路）	21	11.5%	5	8.8%
④ ②・③に含まれない太平洋／大西洋横断航路（transpacific, transatlantic）	20	11.0%	5	8.8%
⑤ アジア域内航路（豪州含む、中国内航除く）	43*	23.6%	12	21.1%
⑥ アフリカ航路（欧州またはアジア発着）	20	11.0%	7	12.3%
⑦ 中国国内航路	13	7.1%	0	0.0%
⑧ その他（欧州域内、北米東岸域内）	1	0.5%	6	10.5%
計	182	100.0%	57	100.0%

*43航路の内訳　東アジア〜東南アジア航路：22、東アジア〜南アジア航路：7、東・東南アジア〜豪州航路：9、東南・南アジア〜中東航路：3、東アジアまたは東南アジア域内航路：2
（出所：MDS containership databank 2015年8月データおよびseasearcherデータベースより筆者作成）

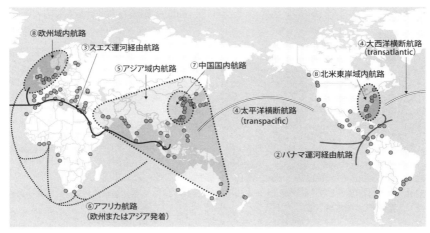

パナマックスコンテナ船の転配した航路

第 5 章

海賊対策：グローバル・ロジスティクス・リスクへの対応

　海に囲まれたわが国において、海上輸送は貿易量の99.7％（重量ベース）を担っており、安定的な貿易を確保するために、国際海運の安全性を高める必要があります。ところが現代でも、船舶を襲う海賊が東南アジアやアフリカを中心に発生しています。このため、国際的な協力体制による海賊対策が行われており、わが国もマラッカ・シンガポール海峡をはじめとする東南アジア海域における海賊対処活動の積極的な支援や、ソマリア周辺海域への海上自衛隊の護衛艦等の派遣（図5.1）などを行っています[2]。本章では、グローバル・ロジスティクス・ネットワークにおける代表的なリスクといえる海賊問題に焦点をあて、近年、国際的に海賊被害で苦しめられていたソマリア周辺海域を中心に、海賊被害とその対策の現状を整理した上で、今後の展望についてまとめます。

5-1　現代の海賊問題

（1）海賊とは

　人類の歴史上、造船技術および航海技術の向上により、船舶を用いることで大量かつ高速な移動が可能となった一方で、船舶を狙った海賊行為も切っても

図5.1　海上自衛隊によるアデン湾における護衛活動の様子（左）と警戒監視飛行活動に従事中の自衛隊 P-3C 哨戒機（右）
　　　　（出所：（左）統合幕僚監部ウェブサイト[1]、（右）ジブチにて2018年9月編者撮影）

切り離せないものでした。古代ローマの時代から「海賊は人類共通の敵（hostis humani generis）」といわれており、有史以来三番目に古い職業といわれることもあります[3]。わが国においても、平安時代に入って瀬戸内海を中心に水運が発達するとともに海賊が活発化し、その後「倭寇」とよばれる海賊が

図 5.2　ソマリア沖における海賊取締の様子
（出所：EU NAVFOR ウェブサイト[5]）

朝鮮半島や中国大陸の沿岸部に出没するまでに至りました。このように洋の東西を問わず、海上輸送が行われる限り、それは古来より常に海賊の危険とともにあったといえます[4]。

　現代の海賊も古代の海賊と同じく、海上において貨物を輸送する船舶に対して、その船舶自体や貨物、あるいは人質として乗客や乗組員を強奪するために攻撃を行います。これに対し、船舶は、自己防衛装備の装填や当該海域の航行を避けるといった対策をとるとともに、各国の海上警備機関や国際機関が連携して、船舶の警備・護衛、海賊の取り締まりを行っています（図 5.1、図 5.2）。とくに、ソマリア周辺海域における海賊は、乗組員を人質にとり身代金を要求するという特徴があり、そのため相当に重武装化しており、他の海域に比べて凶悪性が非常に高いといえます[6]。

　国連海洋法条約において、海賊とは公海上での私有船舶が犯した犯罪行為と定義されており、各国の領海内で行われた犯罪は「海上武装強盗」として区別されています[7]。しかし一般的には、公海以外の水域において発生した事件も海賊行為として捉えられています。

（2）海賊発生の傾向と対策

　近年、世界中で商船を狙った海賊被害が多発しているなか、各国政府を始めとして、国際連合、国際海事機関（IMO）、国際海事局（IMB）等のさまざまな機関が連携して海賊対策を行っています[8]。IMB は、国際商業会議所（ICC）

の下部組織であり、国際貿易等に関する取引慣習の統一化等を行う民間団体です。とくに、海賊など海事関係の犯罪に対する防止対策等について、独自に情報を収集し、その分析等を通じて、広く海事関係者に助言を行っています。

IMBによるレポート「船舶に対する海賊・武装強盗」[9]では、海賊事案発生に関する発生件数や地域、犯行分類、船種、季節などのデータが公開されています。1994年から2017年までの海賊事案の発生件数を図5.3に示します。全体件数については、図に示す1990年代後半以降では、2000年台前半と2010年前後に2回ピークがみられた後、最近は減少傾向となっています。一方、地域別発生件数をみると、2000年前後には東南アジアが40％近くを占めていたものの、2007年以降はアフリカが50％以上を占めるようになり、さらに2012年以降はアフリカが急減して東南アジアが再び増加するなど、海賊事案の発生地域が大きく変動していることがわかります。

2000年代後半から、図5.4に示すソマリア沖・アデン湾における海賊事件が急増したことを受け、2008年6月に採択された国連安保理決議1816号等の一連の決議に基づき、各国および国際機関が軍艦・哨戒機を派遣し、航行す

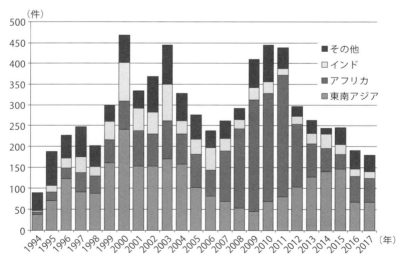

図5.3　地域別海賊事案発生件数の推移
（出所：文献9）より筆者作成）

る船舶の護衛活動を行っています。ソマリア沖・アデン湾を航行する船舶は、英国海軍商船隊司令部（UKMTO）が作成した海賊被害を防止・最小化するための手引書（ベスト・マネジメント・プラクティス、BMP）に従うことが推奨されており、2018年6月には最新版であるBMP5が発表されています[10]。

図5.4　ソマリア周辺海域
（出所：筆者作成）

　この海域に出没する海賊の特徴として、遠方への航行能力を有する母船と攻撃用の高速航行が可能である小型ボート（図5.5）を併用した攻撃が多くみられ、このためとくに2009年以降は、あとでみるようにインド洋上の遙か沖合にまで海賊被害が広がりました[11]。そのためBMPでは、インド洋、アデン湾、紅海、ペルシャ湾を含む「自主報告海域」（VRA）においてはUKMTOへ船舶の位置を報告するとともに、とくに海賊被害に遭う可能性が高い海域を「ハイリスクエリア」（HRA）と定め、HRA航行時にはアフリカの角・海上警備センターから最新の情報を

図5.5　ソマリア沖における攻撃用の小型高速ボート
（出所：EU NAVFOR ウェブサイト[4]）

取得することが推奨されています。また、商船を効率的に護衛するため、2008 年にアデン湾に「推奨航行回廊」（IRTC）が設定され、さらに 2017 年には隣接したバブ・エル・マンデブ海峡を含めた「海上安全通行回廊」（MSTC）が設定され、商船はこれらの海域を航行することが推奨されています。

　各国による海賊対策や国際協力の調整・情報交換を目的として、ソマリア沖海賊コンタクトグループが 2009 年に設置されました。また同年、IMO では「ジブチ行動指針」が採択され、沿岸国の海上保安能力向上支援として、ジブチに訓練センター、イエメン、ケニア、タンザニアに情報共有センター（ISC）が設置されています。その他、ソマリアの安定化という根本的な問題の解決をめざして、治安向上のための支援や、インフラ整備および人道的支援も実施されています。

　海賊に対処するための民間武装警備員については、IMO において「HRA を航行する船舶に民間武装警備員を派遣する民間海上警備会社に関する暫定ガイダンス」を始めとして、船舶所有者、運航者、船長に対するガイダンスや旗国、寄航国、沿岸国に対する勧告が作成されています。わが国においても「日本船舶警備特別措置法」が 2013 年に制定され、一定の条件下で民間武装警備員の乗船が認められるようになりました。

5-2　ソマリアの海賊活動の変遷を可視化する

（1）海賊活動に関する地理情報データベースの構築

　海賊事案発生の地理的な分布を確認するために、IMB がインターネット上に公開している海賊事案発生地図（IMB Live Piracy Map）データ [12) を用いて、地理情報システム上にデータベースを構築しました。

　すべてのデータを地図上に図示すると紙面が不足するので、2005 年から 5 年おきの事案発生箇所を図 5.6 に示しました。インドネシアを中心とした東南アジアでは、地域全体でみると 2005 年から 2015 年にかけて減少と増加を繰り返しているものの、マラッカ海峡周辺では一貫して多発していることがわかります。一方、アフリカ東岸のソマリア周辺海域では、2005 年には多発地域はアデン湾や沿岸部に限られていたものの、2010 年にはインド洋の沖合まで

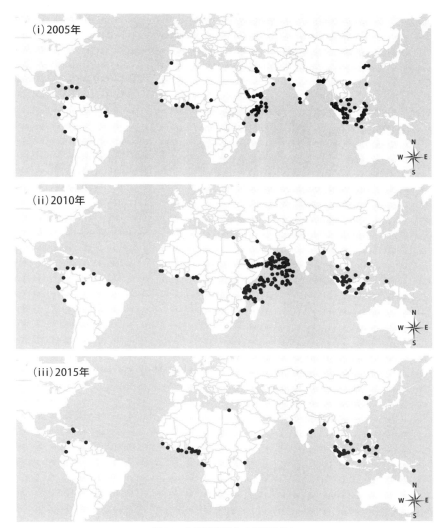

図 5.6 海賊事案発生の地理的分布
(出所：IMB[12] より筆者作成)

大きく広がっています。その後、2015年には当該海域の事案発生はほとんどみられなくなり、先述した国際的な協力体制による海賊対策が功を奏していることがうかがえます。その他、南アジア（インド・バングラデシュ）や後述す

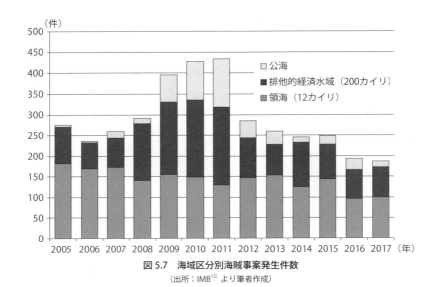

図 5.7 海域区分別海賊事案発生件数
(出所：IMB[12] より筆者作成)

るギニア湾を中心とした西アフリカなどの沿岸部でも、年によりまとまった発生がみられます。

沿岸からの距離に着目して、海域区分ごとに発生件数を集計すると図 5.7 のようになります[注1]。領海内で発生した事案は 2015 年までは年間 150 件程度で推移している一方で、排他的経済水域や公海といったより沖合で発生した事案が 2010 年前後に多くみられます。これらの多くは、アフリカ東部のソマリア周辺海域で発生したものです。

(2) 海賊多発地帯の変遷の可視化

図 5.6 のような地図上での出没点のプロットでは、マラッカ海峡やアデン湾のように被害が集中している海域のなかで、海賊多発地帯である「ホットスポット」を判別することが困難です。以降では、カーネル密度推定法[注2]による空間平滑化を行うことで、ホットスポットの抽出を行います[13]。

図 5.4 に示す HRA に含まれる海賊事案に対して、多発した 2009 年から

(注1) 位置情報が取得できた事案のみを対象としているため、図 5.3 に示した結果より件数が若干少なくなっています。

2011 年にかけて、空間平滑化を行った結果を図 5.8（カラー図は口絵参照）に示します。この図は各地点におけるカーネル密度推定量を表した三次元の地図となっており、色が濃くかつ高くなっている地点をホットスポットとみなすことができます。

2009 年は、アデン湾に大規模なホットスポットが生じている様子がみてとれますが、2010 年、2011 年とホットスポットが大幅に縮小していることがわかります。すなわち、この頃から開始されたアデン湾における船舶の護衛活動や安全ガイドラインの改定など、継続的な国際協調による海賊対策が有効であったことが示唆されます。その一方で、隣接した海域であるバブ・エル・マンデブ海峡や、インド洋の沖合までホットスポットが拡大していることから、商船にとっては、MSTC の通航だけでなく自主的に防護対策を行う必要性もあることがわかります。

5-3　今後の展望：世界から海賊がいなくなる日はくるか？

これまでみてきたように、現代の海賊活動は、時期によって発生箇所が大きく変化しており、国際的な協力体制を構築するなどの対策が行われたソマリア周辺地域については、発生件数が著しく減少していることが確認できました。しかし一方で、東南アジアや西アフリカ地域の海賊活動が再び活発になっており、継続的かつ広域的な海賊対策が必要と考えられます。

東南アジアについては、海賊が多発していたマラッカ・シンガポール海峡をはじめとして、1990 年代後半からわが国の海上保安庁を中心に各国が協力して対策を進めてきました [14)]。その流れを受け、アジアの海賊問題に有効に対処するための地域協力促進を目的とした法的枠組みとして、2006 年 9 月に「アジア海賊対策地域協力協定」（ReCAAP）が発効しました。さらに同年 11 月にはシンガポールに ISC が設立されました。

一方、2000 年代後半より西アフリカのギニア湾付近の海域での海賊被害が

（注 2）カーネル密度推定法とは、単変量または多変量確率密度関数を推定する手法のひとつであり、観測されたデータを内挿し、平滑化された推定値を得ることができます。点データの分布における強度を推定することは 2 変量の確率密度関数の推定とほぼ同じであるため、2 変量のカーネル密度推定法を準用できます。具体的には、観測点に対しカーネルとよばれる関数を置き、すべてのカーネル関数の和を地域内における確率密度として定義することによって点データを平滑化します。

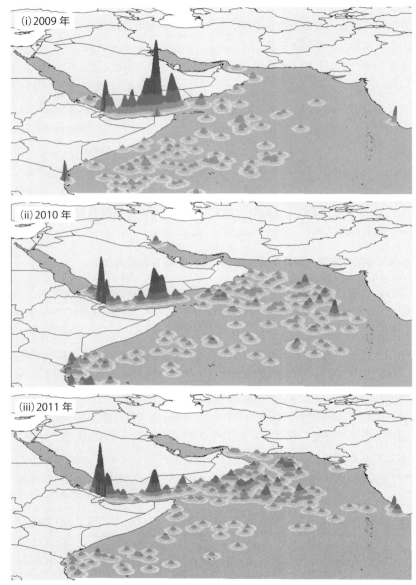

図 5.8　ソマリア周辺海域における海賊多発地帯（ホットスポット）
(出所：渡部他 [13])

急増しており、2005年の35件から2009年の178件へと5倍以上も増加しています。その多くが金品盗取を目的とした武装強盗であり、市場で売買可能な、タンカーに積載されている石油製品をおもな標的としているのに加え、近年は身代金目的の乗組員の誘拐事案も発生しています[15]。当初は沿岸国が個別に海賊対策を進め、ソマリア周辺地域で実施されたような国際的な協調に基づく対策はありませんでした。そこで2013年5月、ギニア湾の海上安全保障に関する専門家会合（G7++ ギニア湾フレンズ・グループ、FoGG）が発足し、ギニア湾周辺各国における包括的な能力開発および人材育成への支援が行われることになりました。そして2014年10月には、設定海域における海賊情報の提供や沿岸国軍への海賊襲撃情報の報告機能等を有する、ギニア湾海上貿易情報共有センター（MTISC-GoG）が設置され、さらに2016年6月には、英国とフランスの協力のもと、ギニア湾商船向け海洋状況把握（MDAT-GoG）へと改組されました。また BMP4 と併用で、国際海運会議所（ICS）等により「ギニア湾地域における海賊行為からの保護に関する船主、運航者および船長のための手引書」（2013年発表、2016年第2版）が発表され、MDAT-GoG の活用等を含む、ギニア湾の航行安全に関するガイドラインがまとめられています。

　このように、世界各地域で、継続的な国際協調による海賊対策や航行船舶による防護対策などの、国際的な海賊対策の取り組みが続けられています。沿岸国の海上保安能力向上とともに、今後もこれらの対策が継続的に進められることで、グローバル・ロジスティクスに対する海賊リスクの低減、とくにマラッカ海峡やアデン湾などを含めた基幹航路の安定的な輸送が確保されていくものと期待されます。

【参考文献】
1）統合幕僚監部　http://www.mod.go.jp/js/Activity/Gallery/anti-pb26_g01.htm
2）ソマリア沖・アデン湾における海賊対処に関する関係省庁連絡会「2016年　海賊対処レポート」、2017年
3）Farhat-Holzman, Laina: Piracy: The World's Third-Oldest Profession, Comparative

Civilizations Review, No. 63, Article 7, 2010

4）竹田いさみ『世界史をつくった海賊』、ちくま新書、2011 年

5）EU NAVFOR　https://www.flickr.com/photos/eunavfor/albums/72157632180673853

6）山崎正晴『ソマリアの海で日本は沈没する』KK ベストセラーズ、2009 年

7）下山田聰明『ソマリア沖海賊問題』成山堂書店、2012 年

8）竹田いさみ『世界を動かす海賊』、ちくま新書、2013 年

9）ICC International Maritime Bureau: Piracy and Armed Robbery against Ships, Annual Report, 2006, 2007, 2008, 2009, 2010, 2011, 2012, 2013, 2014, 2015, 2016, 2017

10）BIMCO, ICS, IGP&I Clubs, INTERTANKO and OCIMF: Best Management Practices to Deter Piracy and Enhance Maritime Security in the Red Sea, Gulf of Aden, Indian Ocean and Arabian Sea, Version 5, 2018

11）UNITAR/UNOSAT: Global Report on Maritime Piracy - a geospatial analysis 1995-2013, 2014

12）ICC International Maritime Bureau: IMB Piracy & Armed Robbery Map　https://www.icc-ccs.org/piracy-reporting-centre/live-piracy-map（最終閲覧日 2018 年 7 月 18 日）

13）渡部大輔・永田康宏・鳥海重喜「ソマリア周辺海域における海賊活動の地理的分布の変化」、『日本航海学会論文集』、2015 年 132 巻、日本航海学会、2015 年、44-50 頁

14）山田吉彦『海の政治経済学』、成山堂書店、2009 年

15）神田英宣「ギニア湾の海賊対策─国際協力と課題─」、『海事交通研究』、第 65 集、山縣記念財団、2016 年、43-52 頁

第 6 章

北極海航路：新しい航路への期待

6-1　北極海を通過する 2 つの航路

　大西洋と太平洋を北極海で結ぶ航路には、北東航路（Northeast Passage）と北西航路（Northwest Passage）があります。北東航路は、スカンジナビア半島沖からバレンツ海に入り、シベリア北岸沿いを東に進んでベーリング海へと抜ける航路です。北西航路は、グリーンランド西側のデービス海峡からカナダ北部の多島海を抜けて、ビューフォート海、そしてベーリング海へと繋がる航路です。ロンドンと東京を結ぶ航路を考えた場合、北東航路では約 8,000 カイリ、北西航路では約 8,500 カイリとなり、やや北東航路のほうが短くなります。北極海を通過しないとすると、パナマ運河経由で約 15,000 カイリ、スエズ運河経由で約 13,000 カイリなので、北極海を通過する航路が利用可能になれば、北西・北東航路ともに 4 割程度の距離が短縮されることになります。

　図 6.1 に北東航路と北西航路において航路上から海氷がなくなる期間（ウェザーニューズ社 [1] による）を示します。いずれの航路においても、夏季に航路上から海氷がなくなる期間があります。ただしその期間は年によってさまざまで、たとえば北東航路の場合、2012 年には 2 カ月程度ありましたが、2016年は 2 週間程度でした。北西航路は未だアジア〜欧州間輸送において実用化されるには至っていませんが、北東航路においては 1989 年に初めて商用ベースでの縦断通航成功、すなわち北極海沿岸域以外を発着地とする貨物の輸送に利用されて以来、いくつもの通航実績を積み重ねています（図 6.2）。現在、一般に**北極海航路**（Northern Sea Route）とよばれるのは北東航路のほうです。

　大航海時代以来、多くの探検家が欧州から東洋に向けて航路開拓に挑み、数多の挫折を重ねてきました。ヨーロッパとアジアを結ぶ航路はポルトガルやスペインが排他的に確保していたため、イギリスやオランダなどは北極海経由に活路を見いだそうとしました。航路開拓が開始されたのは 2 つの航路のうち

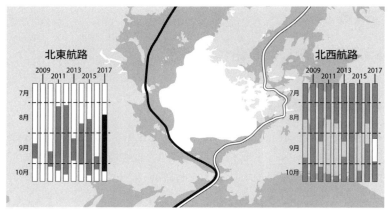

図 6.1　北極海の北東航路と北西航路の開通期間
（出所：株式会社ウェザーニューズ [1]）

北西航路のほうが先でした。1500年代より、イギリスが東洋へ抜ける最短経路としてその開発を推進してきました。1845年にはフランクリンが北西航路通航をほぼ達成しましたが、完了目前で遭難し130名からなる探検隊が全滅しました。その後、1905年にアムンゼンがフランクリン隊と同じ

図 6.2　北極海航路を航行する砕氷船と貨物船（出所：Rosatomflot）

ルートを辿りベーリング海に到達し、北西航路通航が達成されました。

　一方、北東航路の開拓が始まったのは1700年代です。実際に初めて北東航路の航海に成功したのはスウェーデンの探検家ノルデンショルドでした。彼らは海氷に行く手を阻まれ北極海での越冬を余儀なくされながら、1879年9月にスウェーデンから横浜までの航海を達成しました。北東航路の開拓の開始は北西航路よりもあとでしたが、その達成は30年近く早かったことになります [2]、[3]。

6-2　北極海航路が注目される理由

(1) 北極海の海氷の減少

　北極海では、暖流の影響を受けるノルウェー海を除いて冬季には全域が海氷に覆われます。夏季でも、北極点を中心に約半分の領域が海氷に覆われたままです。1年をとおしてみると、面積・厚みともに3月に最も海氷が発達します。その後春から夏にかけて面積が収縮し、9月に最少となります（図6.3）。また、図6.4からは北極海の海氷の面積が年々減少傾向にあることがうかがえます。このおもな理由としては、地球温暖化に伴う北極海域の気温ならびに水温の上昇と、海流の変化による海氷流出の増加が指摘されています。

　北極海の海氷面積の将来予測も数多く発表されています。Stroeve[6]はさまざまな研究機関による北極海の9月の海氷面積の予測値を、観測値とともに紹介しています（図6.5）。灰色太線で示される観測値が、黒実線で示される予測値よりも下に推移しています。すなわち、海氷面積の減少傾向は、気候モデルによる予測よりもずっと早く進行していることがわかります。多くの研究者の予想を超えるスピードで進む北極海の海氷の減少は、北極海航路の普及も後押しするものと考えられます。

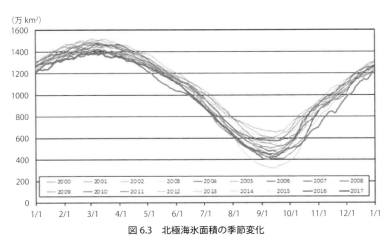

図6.3　北極海氷面積の季節変化
（出所：宇宙航空研究開発機構（JAXA）ウェブサイト[4]）

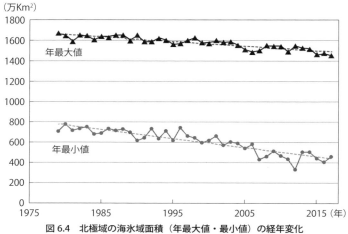

図 6.4　北極域の海氷域面積（年最大値・最小値）の経年変化
(出所：気象庁[5])

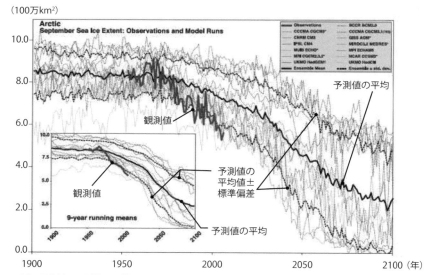

凡例）黒実線：予測値の平均、黒破線：予測値の平均値±標準偏差、灰色太線：観測値

図 6.5　北極域の海氷域面積の予測
(出所：Stroeve（2007）[6])

海氷の厚さも減少傾向にあるようです。Rothrock[7]は、1960年代頃から1990年代にかけて北極海の氷の厚さが平均で42%減少したとの観測結果を示しています。また、多年氷も減少しています。Johannessen[8]は、多年氷面積の減少のペースが海氷全体の減少のペースを上回っていることを示しています。若い氷は溶けやすく壊れやすいため、海氷面積の減少から得られる情報以上に北極海航路通航には有利な条件が整ってきていることになります。

(2) 北極海航路の利用による費用削減効果と輸送実績

　欧州における対アジア貿易の拠点は、ロッテルダムやハンブルクなどの北海沿岸地域です。日本との距離は、北極海経由のほうがスエズ運河経由よりも30〜40%短く、シンガポールとの距離が両経路で同程度となります。距離だけを比較すれば、日本、韓国、中国と東南アジアの一部発着の貨物であれば、対欧州貿易において北極海航路を利用するメリットが生じる可能性があります。距離が短ければ燃料消費量も少なくなります。距離短縮に伴い所要日数が短縮されれば、資本費や船員費等の固定費の削減にも繋がり、また顧客へのサービス向上にも寄与します。また所要日数を短縮させずに減速航海を行う場合には、さらなる燃料費の削減が期待できます。これらが船会社が北極海航路に注目するおもな理由です。

　一方で、北極海航路の利用によるコストアップ要因も存在します。資本費、砕氷船エスコート費、アイスパイロット費、保険料などです。

　資本費は船舶建造費のことです。夏季に海氷が少ないといっても完全になくなる期間はそれほど長くはありません。北極海を航行する船舶には航行中に海氷に当たっても耐えうるような耐氷性能、あるいは海氷に行く手を阻まれても砕いて進める砕氷機能を持つことが求められます。性能の程度にもよりますが、数十%〜百%程度の資本費の上昇要因となります。

　船舶の耐氷性能と氷況によっては、ロシアの国内法により、砕氷船のエスコート（先導）を受けなければならない規則となっています（図6.2参照）。安全確保のために必要な規則ではあるものの、通航のたびに費用が発生することになります。スエズ運河経由の場合でも運河通航料がかかるので、費用としては同様に位置づけることもできます。しかし、運河と比較して早めの（15

日前までの）予約が必要であること、砕氷船の隻数が少なく希望どおりのスケジュールとならないことがあること、エスコート費が氷況によって変動し通過が完了するまで確定しないことなど、利用者にとっての利便性の観点から問題点が指摘されています[9]。

　船長の氷海航行経験が指定された期間に満たない場合は、水先人を乗船させなければなりません。これもロシアの国内法に基づく規則です。この費用がアイスパイロット費です。

　保険料については、北極海航路の航行実績が積み上がれば安定するものと考えられますが、現行ではスエズ運河経由と比較して高めに設定されているようです。リスクのおもな要因は海氷の予想外の動きであると考えられます。今後、気象、海象の予測精度が高まり、万一に備えた避難港も多数整備されれば、保険料もスエズ運河経由並みに低減していくものと期待されます。

　北極海の海氷面積が観測史上最小となったのは 2012 年 9 月でした。その頃、一気に海氷の減少が進んだため、北極海航路の利用も、ガス・コンデンセートや鉄鉱石などを輸送するバルク船や、冷凍魚などを輸送する一般貨物船を中心に活発となりました。北極海航路を通航した船舶の航海数[10] は、2011 年に 41 航海でしたが、2012 年 46 航海、2013 年 71 航海と年々増加しました。しかし、それ以降は 2014 年 53 航海、2015 年 18 航海、2016 年 19 航海と、一時期に比べると低調となっています。しかしながら、2017 年には砕氷船のエスコートを受けたタンカーなどがコンボイ運航により冬季の通航を成功させるなど、さまざまな新しい試みが展開されています。

（3）北極海航路を利用した場合のコスト試算例

　多くの研究者や調査研究機関が、北極海航路を利用した場合のコスト試算を行っています。例として表 6.1、表 6.2 に国土交通省による試算結果[11] を示します。鉄鉱石をノルウェーから日本まで輸送する場合、1 トンあたりの輸送コストは、北極海経由がスエズ運河経由や喜望峰経由よりも安いことが示されています（表 6.1）。また、コンテナをオランダから日本まで輸送する場合、4,000TEU 積みの同じサイズのコンテナ船で比較すると、北極海航路を利用したほうが 1 トンあたりの輸送コストが安いことも示されています（表 6.2）。

表 6.1　北極海航路と他ルートの輸送コスト比較（鉄鉱石の例、ノルウェー～日本）（USD/ton）

	北極海航路	スエズ運河経由	喜望峰経由
燃料・その他油費用	6.8	9.8	13.3
各種経費	5.7	2.7	0.5
操船経費	1.7	1.6	1.6
船体償却費	5.0	5.7	6.4
合計	19.1	19.8	21.7

（出所：国土交通省資料 [11])

表 6.2　北極海航路と他ルートの輸送コスト比較（コンテナの例、オランダ～日本）（USD/ton）

	夏期4カ月北極海、冬期スエズ運河利用	スエズ運河経由（通年）			
		4,000 TEU	6,000 TEU	8,000 TEU	15,000 TEU
燃料・その他油費用	841	934	889	866	542
各種経費	302	318	292	279	261
操船経費	60	61	46	38	28
船体償却費	257	238	198	178	150
合計	1,461	1,552	1,425	1,361	980

（出所：国土交通省資料 [11])

ただし、北極海航路においては水深の関係でこれ以上の船舶大型化が困難である一方で、スエズ運河経由にはすでに 20,000TEU 積み以上の大型船が投入されているため、現状では北極海航路に競争力があるとはいえません。北極海航路がコンテナ輸送において競争力を持つのは、北極海航路から遠くない発着地間の輸送の場合などに限られそうです。

6-3　北極海沿岸域の資源開発と輸送

北極圏に存在する未発見の天然ガスは 48 兆 m^3 と推定されており、世界における天然ガス埋蔵量の約 30％を占めると推定されています。2017 年に予定どおり液化天然ガス（LNG）の輸出が開始されたロシア・チュメニ州のヤマル半島地域は、2030 年にはロシアの天然ガス生産量の 20％以上を占める見通しです。ヤマル半島が北極海に面しておりまさに北極海航路沿いに位置するこ

とから、ロシアが従来主たる輸出方法としていたパイプラインによる輸送だけでなく、LNG船による海上輸送も利用して天然ガスを輸出する計画が立てられました。その輸出先が東アジア地域の場合、北極海航路をより長く航行することになる東回りと、北極海航路を西へすぐに抜けて大西洋から地中海・スエズ運河を経由する西回りの、2通りの輸送経路が考えられます。たとえばヤマルから日本への輸送の場合、東回りでは約5,000カイリ、西回りでは13,500カイリと、距離のみの比較では圧倒的に東回りが有利です（図6.6）。

図6.6　ヤマル半島から日本への輸送経路比較

　LNG船による海上輸送をパイプラインによる輸送と比較すると、冷却・液化のための膨大な費用がかかる一方で、単位距離あたりの輸送費用はパイプラインより小さくなることから、短距離輸送ではパイプラインが有利で長距離輸送ではLNG船が有利となっています。Foss[12]によれば、2,200カイリ以上の距離でLNG輸送のほうが有利とされています。ヤマルから日本までパイプラインにより天然ガスを輸送する場合、ロシア極東まで約4,000カイリ、そこからさらに割高な海底パイプラインまたはLNG船による約900カイリの輸送が必要となります。上述の北極海航路東回り経由の輸送路離（約5,000カイリ）と比較するとわずかに短いですが、費用はLNG船利用のほうが小さいと考えられます。

　ヤマル半島のサベタ港からLNGを輸出するヤマルLNGプロジェクトでは、2019年11月までに15隻の砕氷LNG船が建造される予定となっており、日本の海運会社（商船三井）も3隻の建造・運航に関与する計画となっています。計画では、アジア方面への輸出については、夏季には北極海を縦断する東回りで輸送する一方で、冬期はベルギーで一般のLNG船に積み替えら

図 6.7 ヤマル LNG ターミナルに寄港する LNG 輸送第 1 船（左）と開業式に出席するプーチン大統領（右）（出所：（左）ヤマル＝ネネツ自治政府 HP、（右）Kremlin.ru）

れ西回りで輸送されることになっています。実際に、サベタ港の LNG 輸出ターミナルは 2017 年 12 月に操業が開始され、砕氷タンカーの第 1 船によってイギリスまで LNG が輸送されました（図 6.7）。また 2018 年 7 月には、北極海航路を通航して中国までの輸送が行われ、北極海航路を利用した夏季の LNG 輸送が十分に実用可能であることが証明されました。

さらに、ヤマル半島の東に位置するギダン半島においても、2023 年操業開始に向けて天然ガス田の開発が進められています。ここで産出された天然ガスも LNG 船により海上輸送されることになりそうです。一方で、ロシア議会において、北極海航路を利用した LNG や原油などの資源輸送をロシア船籍船に限定する法律が 2017 年末に定められるなどの動きもみられます。

筆者[13] は、ヤマルから東アジアまでの LNG 輸送について、積み替えの有無や使用船舶に関するさまざまなシナリオのもとで費用の試算を行いました。輸送コストだけで比較すると冬季であっても積み替えずに輸送したほうが良いという結果となりましたが、砕氷 LNG 船の船舶数が限られている状況においては、輸送容量確保の点で積み替えが必要となってきます。現状では砕氷 LNG 船がまだ少ないため、冬季においてはベルギーで積み替えられる計画となっていますが、砕氷 LNG 船が将来十分に増加した際には、アジアの目的地によっては、冬季も積み替えなしで西回りの輸送が行われる可能性もあると考えられます。

一方で、砕氷 LNG 船の船舶数があまり増加しない場合には、北極海航路の

東側においても積み替え拠点を設けることが合理的となる可能性もあります。地理的には日本の北海道や東北地方も候補となりえますが、2017年11月には、商船三井や丸紅がヤマルLNGを主導するノバテクと共同で、カムチャッカ半島沖合いに新設するLNG積み替え拠点の事業化調査を実施することが発表されるなど、建設に向けた具体的な動きもみられます。

【参考文献】

1) ウェザーニューズ「北極海の海氷まとめ2017」 https://jp.weathernews.com/news/20053/

2) シップ・アンド・オーシャン財団『北極海航路：東アジアとヨーロッパを結ぶ最短の海の道』、2000年

3) 赤祖父俊一『北極圏のサイエンス』、誠文堂新光社、2006年

4) 宇宙航空研究開発機構「地球が見える2017年」 http://www.eorc.jaxa.jp/earthview/2017/tp170915.html

5) 気象庁「海氷域面積の長期変化傾向（北極域）（2017年）」 https://www.data.jma.go.jp/kaiyou/shindan/a_1/series_arctic/series_arctic.html

6) Stroeve, J., Holland, M.M., Meier, W., Scambos, T., Serreze, M., Arctic sea ice decline: Faster than forecast, Geophysical Research Letters, 34, 2007.

7) Rothrock, D.A., Yu, Y., and Maykut, G.A., Thinning of the Arctic sea-ice cover, Geophysical Research Letters, 26, 3469-3472, 1999.

8) Johannessen, O.M., Shalina, E.V., Miles, M.W., Satellite Evidence for an Arctic Sea Ice Cover in Transformation, Science, Vol. 286, 1937-1939, 1999

9) 柴崎隆一「北極海航路利用の現状と展望～トランジット輸送と資源輸送～」、『海運経済研究』、第49号、日本海運経済学会、2015年、21-30頁

10) Centre for High North Logistics Information Office http://www.arctic-lio.com/nsr_transits

11) 国土交通省「北極海航路の利活用に関する調査検討業務の調査検討報告書」、2014年

12) Foss, M. M., INTRODUCTION TO LNG: An overview on liquefied natural gas（LNG）, Energy Economic Research, Center for Energy Economics, The University of Texas at Austin, 2007.

13) 石黒一彦「北極海航路利用LNG輸送の経済性分析」、『海運経済研究』、第49号、日本海運経済学会、2015年、11-20頁

第2部
世界各地の陸上貨物輸送

山間部を走行するトラック（タジキスタン、2017年8月編者撮影）

第 7 章

チャイナ・ランドブリッジ：一帯一路構想の行方

　2013年に公表された「一帯一路」政策は、近年の中国の交通インフラ拡張戦略の具現化といえます。急速に整備された国内交通インフラを基点に、国境を越え、周辺国をはじめヨーロッパまでの海上・陸上輸送ルートの整備や運行が行われています。

　中国政府が実施する新たな国際戦略の一環である「新シルクロード」構想は、途中の中央アジア、ロシア、中東などユーラシアの広域にわたり、国際交通インフラの整備強化およびそれによる国際貨物輸送の増加を通じて、当該地域における物流の姿を大きく変える可能性を持ちます。

7-1　新たな段階に入った中国の交通インフラ整備

　東西冷戦が終結した1990年代以降、アジア地域の経済活動が活発になり、それに伴い域内交通インフラの整備ニーズが高まりました。とりわけ中国は、1980年代の改革開放の頃から交通インフラ整備の重要性を意識し始め、1990年代から本格的に国内交通インフラ整備に着手し、2002年のWTO加盟以降の経済の急成長に伴い、交通インフラに多額な投資を行ってきました。その結果、道路延長、鉄道ネットワークの密度、飛行機の離発着数などの指標において、中国は他のアジア主要国の約3倍前後のペースで拡張し続けるなど、中国を筆頭にアジア域内の交通インフラの整備が急速に進みました。

　広い国土を持つ中国は、かつて交通インフラの整備が遅れたため、おもな経済成長地域が東部沿海に集中し、内陸の中西部地域においては、産業誘致を行っても、高い物流コストのせいで敬遠された経緯がありました。そのため2000年以降、「西部大開発」政策によって東部地域に立地する産業の内陸への移転を促すにあたり、内陸までの交通インフラの整備や物流関連施設の設置について、国務院（内閣に相当）のイニシアチブでマスタープランを作成し、こんにちまで中央政府および地方政府が投資を続けてきました。その結果、現在では中西部地域における鉄道の営業キロ数は中国全体の6割超、道路延長も

表 7.1　中国の道路・鉄道延長および地域別割合

	延長（km）		増加率	地域シェア
道路	1998 年	2014 年	2014/1998	2014 年（％）
東部地域	364,863	1,102,793	3.02	24.7%
中部地域	404,426	1,480,431	3.66	33.2%
西部地域	380,124	1,348,857	3.55	30.2%
東北部地域	128,061	373,935	2.92	8.4%
計	1,277,474	4,463,913	3.49	100.0%
鉄道	1998 年	2014 年	2014/1998	2014 年（％）
東部地域	18,473	26,507	1.43	23.7%
中部地域	28,858	41,007	1.42	36.7%
西部地域	15,619	28,637	1.83	25.6%
東北部地域	15,400	15,669	1.02	14.0%
計	78,350	111,821	1.43	100.0%

（出所：「中国統計年鑑」1999・2015[1]）

　中国全体の 7 割弱に達するなど、東部沿海の先進地域とのアンバランスが完全に解消されるまでには至らないものの、1990 年代後期と比べ、状況は大きく改善されました（表 7.1）。

　このように、中国政府による交通インフラ政策の展開は段階的にみることができます。2000 年以降の西部大開発に続き、2010 年以降、さらなる内陸経済の振興を図るため、内陸の諸大都市を起点に、新たな輸出ルートを開拓するためのインフラ整備が一段と強化されました。そこでは、おもに内陸大都市における物流園区の拡張整備、各都市から国境までの鉄道・道路整備、さらに周辺国との道路や鉄道の接続などがあげられ、同時に各大都市発の国境を越える国際輸送が積極的にトライされるようになりました。

　こうした国境を跨ぐ交通インフラの整備および国際輸送の動きは、2013 年の習近平主席の発言をもとに、2014 年に「新シルクロード」構想として内容が具現化され、現在では「一帯一路」政策（Belt & Road Initiative）と名づけられ、アジア域内にとどまらず、中東・ロシアを含めたヨーロッパまでの広範囲にわたる国際交通回廊の整備構想に発展しました。

図 7.1 「一帯一路」の概念図
（出所：各種新聞・雑誌より筆者作成）

　一帯一路政策が打ち出された背景は、1990 年代初期の中国と周辺国家との地域関係の変化に遡ります。ソビエト連邦の崩壊後、中国と隣接するロシアおよび CIS（独立国家共同体）諸国との間に新たな安全保障協定が必要となり、1996 年に、中国、ロシア、カザフスタン、キルギス、タジキスタンの 5 カ国首脳が上海で「国境周辺軍事関連での相互信頼の向上に関する協定」に署名し、「上海ファイブ」とよばれる国際機構を立ち上げました。その後 2001 年に上海協力機構（SCO）に移行するとともにウズベキスタンが加盟し、さらに 2017 年にインドとパキスタンが加盟するなど、SCO はアジア地域における国際組織として存在感をみせています。さらに近年では、エネルギーや農産品を中心とする国際貿易の拡大に伴い、SCO は、参加国政府間の貿易政策や国際物流インフラ構築に向けた協力の場としての役割も果たしています。

　SCO で積み上げた実績を踏まえ、2013 年 9 月、習近平主席がカザフスタンを公式訪問してナザルバエフ大学で講演を行った際に、「新シルクロード」構想を提示しました。具体的内容はおもに下記の 5 つです[2]。

・地域経済の融合を目的とした政府間関連政策のコミュニケーション・交流

の強化

・太平洋からバルト海までの輸送ルートおよび東・西・南アジアを連結する交通ネットワークの整備

・スムーズな国際貿易ルートの実現

・通貨の相互流通の強化

・人的交流の強化

上記 5 つのうち、「太平洋からバルト海までの輸送ルートおよび東・西・南アジアを連結する交通ネットワークの整備」に関する提言は、一帯一路政策の青写真となりました。「一帯」とは、中国の中西部内陸地域から陸路で中央アジア・ロシアを経由しヨーロッパに繋がるルート（シルクロード経済帯）であり、「一路」とは、中国沿海地域から東南アジア、インド、アラビア半島の沿岸部、アフリカ東岸を経由しヨーロッパまでを結ぶ海上ルート（21 世紀海洋シルクロード）です（図 7.1）。

一帯一路のうち「一路」については、現在、中国のシーレーン確保を念頭に、南アジアおよび欧州、オーストラリア、アフリカなど広範囲にわたり、以下のような港湾および関連施設の建設協力や、運営権の買収が進められています。

・2013 年、2007 年に中国の資金援助で完成したグワダル港（パキスタン）の運営権が、シンガポール企業（PSA）から中国企業に委譲される[3]。これにより、中東から輸入される石油をマラッカ海峡を通さずに中国本土まで運ぶ、陸上輸送ルートのゲートウェーが確保される

・2015 年 9 月、チッタゴン港への資金提供と引き換えに、中国企業による新たな工業園区の建設案をバングラデシュ政府が受け入れ[4]

・2015 年 9 月、コスコ・パシフィックと招商局国際有限公司などの中国企業の合弁会社が、トルコ・イスタンブールのクンポート・コンテナターミナルの発行済み株式の 65％を買い取り、経営権を獲得[5]

・2015 年 10 月、中国企業「嵐橋集団（Landbrige Group）」が、オーストラリア・ダーウィン港の 99 年リース権を取得[6]

・2016 年 1 月、中国建築工程総公司とアルジェリア政府が、同国最大の港湾の共同建設に合意[7]

- 2016 年 4 月、コスコが 3.68 億ユーロでギリシャ・ピレウス港の所有権を 67％購入することで合意。港湾の運営も行う予定[8]
- 2017 年 6 月、コスコ・シッピング・ポーツが、スペイン・バレンシアのノアトゥム・コンテナターミナルの株式の 51％を購入[9]
- 2017 年 7 月、招商局国際有限公司が、スリランカ・ハンバントタ港の運営会社を買収、99 年間の使用権を取得[10]
- 2017 年 8 月、中国港湾連合が、カメルーン最大のクリビ・コンテナターミナルの 25 年間の経営権を取得[11]
- 2017 年 8 月、江蘇省の 5 企業で構成した企業連合が、アブダビ港（UAE）に 3 億米ドルを投資[11]

　上記の動きにあわせ、2017 年 7 月から、ジブチにおいて中国初の国外軍事補給基地が運営開始されるなど、中国海軍の活動範囲も急速に広がっています。これは、欧州およびアフリカにおける中国商船の運航増、および上述のような港湾投資による権益の拡大と連携した行動とみられます。

7-2　陸上交通インフラの拡張と中国の戦略

　前述のような、世界各地における複数の港湾建設および経営主導権の買収による、海上ルート（一路）の展開に対し、陸上のルートである「一帯」は、より活発な動きを示しています。代表的な動きは、中国国内の大都市を発着地とするチャイナ・ランドブリッジ（CLB）に沿った定期国際貨物列車の運行や、国際自動車貨物輸送の増加です。

（1）多くの大都市を起点とする CLB の定期運行

　2013 年以降、一帯一路政策の号令のもと、各大都市がこぞって CLB に沿った定期運行列車を開始するようになり、現在、その出発都市はすでに 47 都市に達しており（図 7.2）、また列車本数や輸送量も年ごとに増えています（図 7.3）。とりわけ、出発都市については中西部の内陸都市が多数を占めており（表 7.2）、従来の輸送モード（海上・航空）以外の選択肢として取扱量を増やしている状況です。以下では、CLB の代表的な出発都市である連雲港、重慶、成都、鄭州についてみていきます。

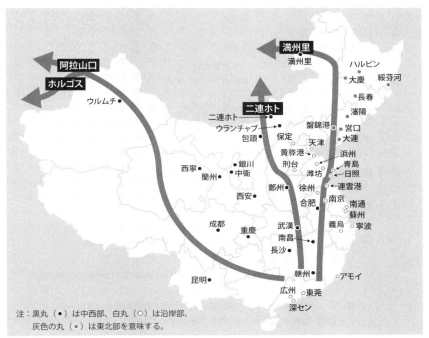

図 7.2　CLB の発地となる諸都市
(出所：各種新聞・雑誌より筆者作成)

なお、現在、中国発 CLB のルートは図 7.2 に示すように、おもに阿拉山口またはホルゴス（カザフスタン国境）、満州里（ロシア国境）、二連ホト（モンゴル国境）の 3 つの地域の国境を通過して欧州方面へ向かっています。

① 連雲港

1992 年、連雲港を中国初の CLB 出発都市として定期列車の運行が開始され、当初はシベリア・ランドブリッジ（SLB）の代替として、太平洋からの海上貨物を、中国経由で欧州まで陸上輸送することが想定されていました。

しかし、第 2 章でみたような海運企業の船舶大型化による海上輸送コストの低下に押され、加えて、当時の中国国内における鉄道輸送能力の逼迫による運行制限や、旧ソ連から独立した CIS 諸国との通関調整がうまく行かなかったことなどにより、不確実なリードタイムや、高コストおよび複雑な通関手続

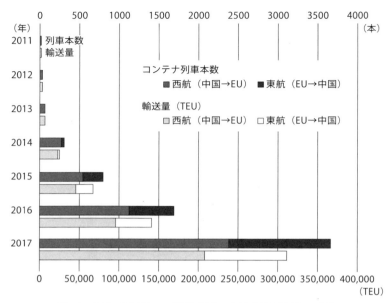

図 7.3　中国・欧州間 CLB（中欧班列）の列車本数と輸送量の推移
（出所：Eurasian Development Bank（2018）等より編者整理・作成）

表 7.2　地域別 CLB 運行開始都市数

CLB 運行開始時期	東部	中西部	東北部
1992 年	1		
2011 年		1	
2013 年	1	3	
2014 年	2	2	1
2015 年	3	5	4
2016 年	8	7	1
2017 年	4	2	2
合計	19	20	8

注：2017 年は 8 月末まで
（出所：各種新聞・雑誌より筆者作成）

きが解消されず、利用増には繋がりませんでした。

　それでも連雲港は、中国国内発の貨物に加えて海港との連携による国際トランジット貨物も多いことなどを強みにして、独自のサービスを徐々に強化してきました。その一環として、2014 年 7 月 1 日から連雲港とカザフスタン鉄道（KTZ）の合弁会社が稼働し、KTZ が保有するコンテナを華南、華東などの中国国内で利用する場合のコンテナの一時保管や貸出の業務などを含めた、KTZ の中国における総代理店機能を、連雲港が担っています。さらに、国際コンテナ貨物をカザフスタン国内で追跡可能な情報プラットフォームの共同利用も進めるなどして、他の都市が提供する CLB サービスとの差別化を図っています。

② 重慶

　重慶は、連雲港に続き、二番目に CLB の定期運行を開始した都市です。もともと重慶市政府がヒューレットパッカード、エイサー、アスースなどの外資系パソコンメーカーの製造工場の誘致に成功し、電子製品の大量生産体制が整っていました。しかし、東部沿海の港湾を経由し海上輸送により欧州まで製品を輸出すると輸送日数が 45 日ほどかかるため、その代替ルートとして、CLB を利用したより短期間の長距離輸送が検討されたという経緯があります。このため、運行が開始された 2011 年 3 月から 2014 年前半までは、ほぼパソコン輸送の専用列車として運行されていました。

　現在の重慶発 CLB は、阿拉山口を経由し、ドイツのデュイスブルク（一部ベルギーのアントワープ）までの 11,381km を 16 日間で走行しています。重慶市発 CLB の強みは、パソコンを中心とする精密電子機器類をはじめとする大量のベースカーゴがあることに加え、さらに DB シェンカーを含むドイツ、ロシア、カザフスタンなど当該ルートの経由地や到着地の鉄道関連会社と、重慶市を地元とする国有物流事業者の共同出資による「渝新欧（重慶）物流有限公司」が、唯一の運行会社として運営を行っていることもあげられます。このうち DB シェンカーは、重慶発 CLB の試運転が開始された当初から参画しており、デュイスブルク到着後の配送業務を含め、当該 CLB の定期運行において中心的な役割を果たしています。

③ 成都

さらに重慶に続き、欧州向け国際鉄道貨物輸送の運行を開始したのが成都です。現在の運行経路は、おもに阿拉山口を経由しポーランドのウッチまでの9,826km を12〜14日間で運行しています。

成都は、中国西部最大規模の都市として多くの製造業が立地している地域です。自動車産業ではトヨタ、フォルクスワーゲン、電子機器ではフォックスコン、デルコンピュータなどが集積しており、国際鉄道を利用した貨物輸出のニーズは高いといえます。

現在、成都発 CLB の運行は、ポーランドの HATRANS、成都維龍物流有限公司および成都越海全球物流有限公司が共同で設置した「成都蓉欧快鉄班列有限責任公司」が行っています。中国国内の運営業務は中国鉄道コンテナ物流会社の子会社に委託し、国外部分は HATRANS が担当します。ポーランドに到着後は、HATRANS 社の自社保税倉庫を使い、末端までの輸送サービスが提供されます。

また、資本関係はないものの、成都発 CLB の運行開始当初から DHL も参画し、成都発の国際鉄道貨物をアレンジする最大のフォワーダー事業者となっています。さらに、2014年7月から UPS も当該路線のフォワーダーとして参画しています。

④ 鄭州

鄭州発 CLB は 2013 年 7 月から運行されており、おもな運行経路は阿拉山口経由でドイツのハンブルクまでの 10,214km を 16 日間で走行するものです[注1]。重慶 CLB に参画している DB シェンカーが、鄭州でも有力フォワーダーとして集荷業務を行っています。

運行は、鄭州経済技術開発区管理委員会と河南物資集団公司が設立した合弁会社「鄭州国際陸港開発建設有限公司」が独占的に担っており、鄭州発車後はほぼノンストップ（国内走行時間 63h）で阿拉山口まで走行します。当初は週1 便で運行されていましたが、2014 年 7 月から週 2 便に増発されました。

輸送品目については、連雲港が国際トランジット貨物、重慶は電子製品が中

（注1）一部カザフスタン（アルマトイ）、ロシア（モスクワ）、リトアニア（クライペダ）止まりもあります。

心であるのに対し、鄭州発貨物は、紡績品をはじめ、自動車部品、タイヤ、建設機械、衣料機器、ノートパソコン、ハードディスクなど、多岐にわたることが特徴です。DB シェンカーに加え、DHL や UPS も鄭州発 CLB のフォワーダー事業を行っています。また、CLB の運行に先行した三都市との差別化を図るため、鄭州が中国鉄道の一大ハブであることを生かし、鄭州周辺 1,000km 圏内の CLB 貨物を無料で集荷するサービスを実施しています^(注2)。

　上記のような CLB ルートに加え、国内の鉄道インフラの整備強化および輸出入ニーズの拡大に伴い、2015 年よりインドシナ半島向けの国際鉄道輸送ルートの運行も開始されています。もともとベトナムがフランス植民地であった時代に昆明からハイフォンまで鉄道が敷かれていたものの、中国国内の一部区間が狭軌であったために積み替えが必要であり、またレールの老朽化、キャパシティーの制限や遅い速度などの問題もあって、あまり利用されていませんでした。2014 年 12 月、昆明市から蒙自市までであった標準軌区間がベトナム国境の河口県山腰駅まで延伸され、中越間の国際鉄道貨物の輸送条件が大きく改善しました^(注3)。

　以降、中越間の鉄道貨物輸送が徐々に本格化し、2015 年 3 月、ベトナムのハイフォン港に向け、1 日 360 トンのペースで合計 15 万トン以上の肥料を輸送したことを皮切りに¹²⁾、同年 7 月、トルクメニスタン産硫黄 760 トンが、カスピ海からペルシャ湾経由でインド洋を渡り、ハイフォン港で荷揚げされたあと、鉄道輸送により雲南省開遠市十里村駅まで運ばれる¹³⁾ というシー＆レール一貫輸送が行われました。このベトナム経由雲南省向けルートは、従来の広西チワン族自治区防城港経由の輸送ルートより 600km も短く、コストが大幅に削減できたといわれています^(注4)。すでに雲南省の化学工業、鉄鋼、金属精製などの大手メーカーが興味を示し、ベトナムにとどまらず、アセアン、南アジア、中央アジア諸国との、鉱石など原材料の輸入、および肥料や飼料の輸出への利用が検討されています。

(注 2) 2015 年 8 月に筆者が実施した現地ヒアリングによる。
(注 3) ただし、ベトナム側は狭軌であるため、山腰駅における積み替えは発生します。
(注 4) 開遠市の加工企業は年間硫黄を 30 万トン以上使用する大口ユーザーであり、また鉄道輸送に変えたことで 1 トンあたり数十元のコストダウンに繋ったといわれています¹⁴⁾。

（2）大手外資系物流事業者の協力

　上述のように、近年の CLB の運行増は、中国国内の鉄道インフラの整備強化による鉄道輸送力の向上、および石炭など従来鉄道を利用していた大口貨物の減少に大きく起因していますが、もうひとつの要因として、外資系物流企業、とりわけ欧米の大手物流企業の積極的な関与があげられます。

　重慶発 CLB は試運転当初からドイツ物流会社 DB シェンカーが関与し、ドイツのデュイスブルクに到着した後の配送業務を含め、当該 CLB の定期運行において中心的な役割を果たしてきました。現在では、重慶以外に鄭州・瀋陽発の CLB でも有力フォワーダーとして、集荷および欧州到着後の配達業務を行っています。同じく DHL は成都発 CLB の運行開始当初から事業に関わり、成都発国際鉄道貨物をアレンジする最大のフォワーダーとなっているほか、蘇州・鄭州発 CLB の貨物も手がけています。また、2014 年 7 月から UPS が成都発 CLB のフォワーダー業務に参入し、現在では成都と鄭州で業務を展開しており、さらにはロシア鉄道が綏芬河、瀋陽、大連、長春などと、またカザフスタン鉄道も連雲港との協力関係を作り上げています。

　このように、これまで CLB の運行に積極的な協力姿勢をみせてきた大手外資系物流事業者は、中国〜欧州間の鉄道貨物輸送サービスだけでなく、CLB の貨物をベースに、中国の周辺国を出発して中国経由で欧州へ向かうトランジット貨物輸送サービスも開拓しています。たとえば 2016 年 9 月、DHL が新たに神戸から太倉港経由でハンブルクまで、ハノイから成都経由でハンブルクまで、さらに成都からイスタンブールまでの輸送サービスの提供を開始しました [14]。アジア〜欧州間貨物輸送において、従来の海上および航空輸送以外の新たな長距離輸送モードとして鉄道の利用が可能となったことは、グローバルビジネスを手がける大手物流事業者にとって、荷主に提供可能なサービスの多様化に繋がります。こうした国際大手物流事業者の支えも、短期間の急速なCLB の進展に寄与したといえるでしょう。

（3）増える国際貨物自動車輸送

　CLB による国際鉄道貨物輸送の拡大だけでなく、中国と周辺国との国際道路インフラの整備が進んだ結果、中国国境を通過した貨物自動車についても、

2011 年の 2,365 万台から 2016 年の 2,707 万台まで 5 年間で 1.2 倍弱も増加しました。現在では、輸出入とも貨物自動車が中国発着国際輸送貨物全体の 2 割弱（金額ベース）を占め、その役割が年々高まっています。

　もちろん、現状では、中国と周辺国との間の国境周辺での輸送が国際貨物自動車輸送の大半を占めており、周辺国の国内を自由に走ることや周辺国経由で第三国まで走行することは、カボタージュによって制限される場合がほとんどです。ロシアやベトナムなど一部の周辺国との間では、ダブルライセンスの取得により相手国の奥地まで輸送可能な二国間輸送協定も存在しますが、その場合でも、走行できる貨物自動車の認可台数が限られ、通常の国内貨物自動車が他国を通行するのは難しい状況です。このように、中国を発着し途中で積み替えのない国際貨物の長距離自動車輸送を実現するにはまだ課題が多いといえます。

　しかし、積み替えを伴う国際長距離輸送の動きは徐々にみられるようになってきました。筆者が 2014 年 9 月に取材した中国〜タイ間長距離輸送を例にとると、まず中国・ラオス間の輸送協定により、ラオスの北 4 県で中国ナンバーの貨物自動車が特別な申請なしで走行でき、かつラオス・タイ間の輸送協定により、タイナンバーの貨物自動車がラオス国内を特別な申請なしに走行できるという環境を利用し、中国ナンバーの貨物自動車が新疆ウイグル自治区産のブドウを積み、5 日かけて国境のラオス側のトラックステーションに到着し、そこでタイナンバーの貨物自動車に積み替えられ、さらに 2 日かけてバンコクまで輸送されています。この際、輸送中の鮮度を保つため、中国・タイの両国とも冷蔵設備を備えた車両を使用しています（図 7.4）。

　もちろん、トラックステーションでの人力による積み替えやより有効な温度管理など、今後改善すべき点はまだ多く残るものの、新疆ウイグル地区からバンコクまで 6,000km ほどの陸上コールドチェーンがすでに商業ベースで実施され、国境を跨ぐ農産物の長距離輸送が可能になったことは、今後貨物自動車による中国発着貨物の国際輸送ニーズが一層高まることを示唆しています。

（4）自由貿易試験区との連動

　鉄道および道路インフラの国境を越えた外国への拡張に伴い、中国と各国と

図 7.4　ラオス国境における国際貨物のトランジット（新疆発バンコク行き）
（出所：中ラオ国境ラオス側パーキングエリアにて 2014 年 9 月筆者撮影）

の間のモノの流れがより活発化することが期待されます。しかし、国際鉄道や道路などで運ばれる貨物は、ある程度付加価値の高い貨物でなければ相対的に高い運賃を負担することが難しいと思われます[注5]。その際、そういった製品の製造工場から鉄道・道路ターミナルまでの輸送距離やリードタイムの短縮が課題となっているのに加え、人件費の上昇や国際競争の激化に起因する、外国企業による中国への投資の減少傾向も問題となります。その対策という意味合いも含め、国際輸送ルートの開拓や定期貨物列車の運行に連動し、高付加価値製品の原材料や部品の保税輸入、および生産・輸送・保管などを行う新たな生産／物流拠点である、「自由貿易試験区」の設置が進められてきました。

　2013 年 9 月に、上海市に初めて「自由貿易試験区」が設置されました。輸入品のゼロ関税、区域内における人民元の自由兌換、優遇税制など幅広い内容

（注 5）筆者のヒアリングによれば、地域によって異なるものの、一般的に、CLB の輸送料金は船便に比べ、約 5 倍ほど高くなっています。

図 7.5　中国の自由貿易試験区の分布
(出所：各種新聞・雑誌より筆者作成)

が含まれますが、もっとも大きな特色としてあげられるのは「ネガティブリスト」方式の導入です。ネガティブリストとは、参入を禁じた業種を列挙したリストのことです。それまで政府は、参入可能な業種リストを公表し、公表されていない業種はケース・バイ・ケースで個別に認可する方式をとってきましたが、「ネガティブリスト」方式以降は、リストに掲載されていない業種には自由な参入を認めました。

　2015 年 4 月、上海市に続き、広東省、天津市、福建省に「自由貿易試験区」が追加され、これら東部沿海地域に加え、2016 年 9 月、さらに 7 カ所が追加され、現在 CLB が運行されている鄭州、武漢、成都、重慶、西安などの内陸都市も含まれました（図 7.5）。上海をはじめとする東部沿海地域で外資企業の誘致に一定の効果が認められたことで、中西部地域への試験区の導入に

よる外資企業や国内企業^(注6)の中西部への誘致を通じてハイテク産業ビジネスなどを活性化し、CLBとの相乗効果で産業クラスターを形成することが期待されています。

(5) インフラ建設関連国有企業の国外進出

　交通インフラの国外への延長のもうひとつの大きな狙いは、中国企業の国外進出の促進（表7.3）です。長年にわたり中国国内の交通インフラ整備を手掛けることで経験を積んだ総合建設会社が多数存在し、しかもそのほとんどが国有企業です。これらの企業は、一帯一路政策が公表される前からすでにアフリカ、中東、欧州などへの国外進出を果たしており、一部の企業は売上高の大半を国外で稼ぐほどになっています。

　今後、中国政府による交通インフラ政策の国際展開にあたり、中国政府は、上記の中国企業と連携して彼らの豊富な現地経験および実績を生かし、中国基準の交通インフラ規格および関連設備、資材の輸出拡大に繋げ、企業のビジネスチャンスの拡大を後押しするとともに、国外進出における政府と民間のシナジー効果を狙っているようです。政府側としては、貿易ルートの新規開拓のみならず、これを契機として周辺国を中心とする交通インフラの建設に深く関わり、余剰な生産能力の放出や自国基準のインフラ整備技術の輸出、さらには人民元の国際化など、多様な波及効果が期待されています。

7-3　新シルクロード構想の先にあるもの

　「一帯一路」による国際交通インフラの整備を推進するため、豊富な外貨準備を梃に、中国政府は2014年11月、400億米ドルを拠出して「シルクロード基金」を創設し、ルート沿線諸国の交通インフラ整備に充てると宣言しました。さらに、2015年には、中国の主導により、必要とする資金の大半を中国政府が拠出する形で、70カ国・地域が参加（2017年3月23日時点）するアジアインフラ投資銀行（AIIB）を立ち上げました。

　こうした背景から、新シルクロード構想は、中国の今後の主要な国際戦略で

（注6）　自由貿易試験区内には国内企業の進出も認められています。

あると認識されています。当面、その推進により、中国国内の交通ネットワークのさらなる強化、国内産業の地域別分業体制の促進、中西部と東部地域との格差の縮小、中西部地域の経済振興・輸出拡大およびハイテク産業の誘致や産業クラスターの形成、国有企業の国外進出の後押しなどが期待されます。さらに、近隣諸国をはじめとして東南アジア、中央アジア、南アジア、ロシアなどで港湾、道路、鉄道、パイプラインなど交通インフラ施設の建設・共同利用をしながら、中国を発着地とするヒト・モノの交通ネットワークを作り上げ、欧州や中東・アフリカの諸新興国まで輸送ルートを伸ばすという計画になっています。

　このような施策を通じて、貿易を通じた一帯一路沿線関係国に対する影響力の拡大や発言権の向上、自国製品の輸出拡大、交通インフラ整備のノウハウの蓄積や国外への売り込み強化などを狙っていることをさして、「中国版マーシャルプラン」とよばれることもあります[注7]。

　一方で、日系企業にとっても、グローバル・ロジスティクスの観点からみた場合、中国発着およびトランジット貨物が増え、かつユーラシア大陸内の航空、鉄道、道路など各輸送モードにおける国際貨物の輸送品質の改善が着実に進むことは、メリットといえるでしょう。そうなれば、すでに中国またはアセアン、とりわけインドシナ半島に進出した日系製造業にとって、これまでの中国を製造拠点として、あるいは消費市場としてみるという観点に加え、中央アジア、南アジア、さらに当該地域を経由したヨーロッパ市場に到達するまでの物流ハブとしての役割にも期待することができるでしょう。

　これまで、日系物流事業者が構築したグローバル・ロジスティクス・ネットワークにおいて手薄だった上記のような地域を対象とした一帯一路政策の進展によって、輸送手段の多様化による選択肢の増加、コストダウン、リードタイムの短縮、新しい市場の開拓などが実現されれば、中国を起点とする国際交通ネットワークの整備・拡大が、日系企業の今後のビジネス展開にもメリットをもたらす構造になりえると考えられます。

（注7）ただし、中国政府は公式には一帯一路政策が「中国版マーシャルプライン」であることは否定しています。

表 7.3　国外進出を果たした中国

会社名	属性	おもな経営内容	アジア
中国交通建設股份有限公司	国有企業	道路、橋梁、港湾、ふ頭、航路、鉄道、トンネルなどの調査、設計、建設、港湾と航路の浚渫、海洋大型設備および港湾設備、道路整備機械の製造	マレーシア、インドネシア、タジキスタン、パキスタン
中国建築工程総公司	国有企業	ビル建設、工事建設、不動産、設計	シンガポール
中国電力建設集団	国有企業	工事請負、水力発電を中心とする電力プロジェクトの投資と運営、設備製造とリース、不動産開発	パキスタン、キルギス
中国中鉄股份有限公司	国有企業	工事建設、調査設計及びコンサルティング業務、プラント設備および部品の製造、不動産	カンボジア、マレーシア、バングラデシュ
中国鉄建股份有限公司	国有企業	工事請負、調査設計およびコンサルティング業務、製造、不動産、物流および貿易	
中国冶金科工集団有限公司	国有企業	プロジェクトの請負、装備設備の製造、資源開発、不動産	アフガニスタン、シンガポール
中国中材国際工程股份有限公司	国有企業	セメント生産ラインの建設および関連する研究開発、設計、設備設置	インド
中国葛洲壩集団公司	国有企業	水力関連プロジェクトの請負、セメントの生産販売	パキスタン、インド、ネパール、カンボジア、ミャンマー、ラオス、タイ
中工国際工程股份有限公司	国有企業	プロジェクトの請負、装置設備および技術の輸出	インドネシア、パキスタン、シンガポール
北方国際合作股份有限公司	国有企業	国際・国内のプロジェクトの建造、アルミ産業、不動産開発	ラオス、ミャンマー

（出所：各種新聞および会社年報より筆者作成）

国有インフラ建設関連企業（一部）

おもな海外業務展開国家				海外売上高 （2013年）	売上全体に 占める割合
アフリカ	中東	欧州	その他		
エチオピア、モーリタニア、スーダン		マルタ	メキシコ	564億元	17.0%
アルジェリア、コンゴ	サウジアラビア		米国	386.69億元	5.7%
ウカンダ、ナイジェリア、コートジボワール	サウジアラビア			370億元	25.8%
エチオピア				222.72億元	4.0%
アルジェリア、ナイジェリア、リビア、コンゴ、タンザニア	サウジアラビア、イスラエル	トルコ		212.64億元	10.6%
アルジェリア、コンゴ	アラブ首長国連邦		アルゼンチン、米国、オーストラリア	119.13億元	5.9%
エジプト	サウジアラビア、アラブ首長国	スペイン、イタリア、ロシア、フランス	米国、ブラジル	119億元	58.0%
マリ、ナイジェリア、リビア、エチオピア、ギニア、カメルーン	クウェート、イラン			112億元	20.0%
ナイジェリア、アルジェリア、アンゴラ	イラン、イラク、サウジアラビア		ベネゼーラ	89.26億元	96.8%
エチオピア、ウカンダ、コンゴ	イラン、イラク、サウジアラビア	トルコ		23.79億元	80.5%

【参考文献】
1) 中国統計局編『中国統計年鑑』、暦年
2) http://news.xinhuanet.com/world/2013-09/08/c_117273079_2.htm（2015 年 3 月 2 日取得）
3) 中国青年報 2013 年 2 月 20 日
4) http://bd.chineseembassy.org/chn/bzyw/t1303598.htm（2016 年 9 月 14 日取得）
5) http://www.port.org.cn/info/201511/189987.htm（2016 年 9 月 14 日取得）
6) http://finance.sina.com.cn/chanjing/gsnews/20151014/082423469131.shtml（2016 年 9 月 14 日取得）
7) http://www.cscec.com.cn/art/2016/1/20/art_32_255961.html（2016 年 9 月 14 日取得）
8) http://business.sohu.com/20160409/n443741539.shtml（2016 年 9 月 14 日取得）
9) 現代物流報 2017 年 6 月 14 日
10) 大公報 2017 年 7 月 26 日
11) 中国水運報 2017 年 8 月 2 日
12) 昆明日報 2015 年 3 月 9 日
13) 紅河日報 2015 年 7 月 7 日
14) 大公報 2016 年 9 月 30 日

---

column2　卸売に特化した物流のまち臨沂

　山東省東南部の臨沂市は、黄海沿岸の青島、日照、連雲港の各港湾都市からも比較的近くに位置し、中国においては、浙江省義烏市と並び、日用品の卸売業に特化した商業・物流都市として知られています。改革・開放以降の 1980 年代から、中国沿岸部かつ北京・上海のちょうど中間に位置するという地理的特性をいかし、地域の各村落が特定の品種に特化して集中的に卸売りを行うことで、独占的に集積の経済性を追求するというビジネススタイルが志向され、市内各地に品目別に小口卸売店が集積するようになりました。

　中国における同様の卸売都市としては、

臨沂市の位置

第9章でも言及する浙江省義烏市が有名ですが、「北の臨沂、南の義烏」と並び称されることもある臨沂市は、おもに揚子江以北の華北地域一円がターゲットであり、臨沂市で扱われる卸売商品を含めた物資の集散を行う大規模な物流センターも立地しています。早くから国際取引もターゲットとしており、欧州や中東・中央アジア各地へ中欧班列をすでに数多く走らせている義烏に比べると、臨沂はこれまで国内向けの卸売が中心で、国際進出はやや遅れていました。しかし、近年の電子商取引（eコマース）の急速な発達により卸売という業態がやや陳腐化していることや、最近の一帯一路政策の進展も踏まえ、サウジアラビアに専用モール（臨沂商城）を建設したり、卸売事業者に対して国際取引を念頭に置いたeコマース・トレーニングを実施するなど、インターネット全盛の現代における卸売商業都市の新たな活路を、国際取引の推進に見出そうとしています。

臨沂市の小口卸売店および物流センター
（出所：2018年9月筆者撮影）

第 8 章

シベリア・ランドブリッジ：欧亜にまたがる国土を活かすロシア

8-1　シベリア・ランドブリッジの概要

(1) シベリア・ランドブリッジとは

　シベリア・ランドブリッジ（SLB）の歴史は古く、旧ソ連時代に遡ります。1970 年代初頭、日ソ協力により、日本と欧州間のコンテナ貨物をシベリア横断鉄道（Trans-Siberian Railway：TSR、以下、シベリア鉄道）経由で輸送する国際複合一貫輸送サービスが開発され、その商品名として名づけられました。

　SLB の最大の特徴は、インド洋（スエズ運河）経由の海上輸送（Deep Sea とよばれる）に比べて、輸送距離と輸送日数が大幅に短縮される点にあります。たとえば、2000 年代のある時期、釜山（韓国）～ハミナ（フィンランド）のコンテナ輸送は、Deep Sea では 35 日を要しますが、SLB では 18～22 日で輸送可能とされていました[1]。後述するように、近年さらに日数短縮が図られています。

　一方で、SLB の弱点は運賃が高いことです。旧ソ連時代こそ補助政策により運賃競争力があったものの、ロシアが市場経済移行を開始したあとは、ハイパーインフレの影響などもあり運賃が高騰しました。海上運賃の変動が激しいため、時期により運賃差も大きく変動しますが、日本と欧州間の輸送では Deep Sea よりも SLB のほうが高い状況が続いています。

(2) 輸送ルート

　SLB は、当初、日本発着で極東港湾までの海上コンテナ航路～シベリア鉄道～欧州各国鉄道等を結んで輸送する複合一貫（通過）輸送サービスとしてスタートし、その後、さまざまな派生ルートが開発されました。

　旧ソ連時代には、すでに韓国、中国、その他アジア太平洋諸国発着の貨物も取り扱うようになりました。また、西側でも、欧州諸国以外にアフガニスタ

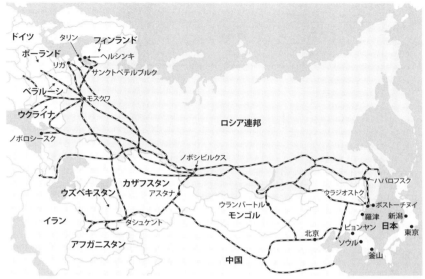

図 8.1　シベリア・ランドブリッジ輸送網
（出所：環日本海経済研究所）

ン、イランなどにも広がりました（図 8.1）。

　1991 年末にソ連が崩壊すると、ロシア以外の旧ソ連諸国向けの輸送もシベリア鉄道の「通過輸送」に分類されることになりました。モスクワを中心とする欧州部ロシアと東アジア諸国との間の物流需要が高まってきたことと相まって、「ロシア発着の二国間貨物」と「第三国間の通過貨物」とを区別する意義が薄れました。さらに、中国発着貨物は、ロシア極東港湾経由ではなく、満州里・ザバイカリスク国境での接続や、モンゴル経由あるいはカザフスタン経由などのコンテナ列車を利用するケースも増えています。これらの輸送ルートは、第 7 章で論じられているチャイナ・ランドブリッジ（CLB）とも重なってきます。

　こうした結果、SLB という用語自体が揺らぐ状況になっています。近年では、非通過輸送や非複合一貫輸送なども含めて、シベリア鉄道を利用する国際コンテナ貨物輸送を総称して「TSR コンテナ輸送」という用語が用いられる場面が増えています。

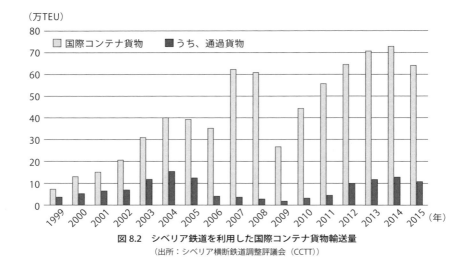

図 8.2　シベリア鉄道を利用した国際コンテナ貨物輸送量
（出所：シベリア横断鉄道調整評議会（CCTT））

(3) 輸送実績

　シベリア鉄道を利用した国際コンテナ貨物輸送（TSR コンテナ輸送）の取扱量は、2000 年代に入り増加傾向を示していましたが、その後は世界経済動向などの影響を受けて、激しく増減しています。ロシア国内を通過するコンテナだけをみれば、2004 年の 15.5 万 TEU がピークで、2015 年までこれを下回り続けています（図 8.2）。

8-2　シベリア・ランドブリッジの仕組み

(1) シベリア鉄道

① ロシアにおける鉄道輸送の位置づけ

　ロシアにおける鉄道輸送は、日本におけるそれとはまったく異なる役割、位置づけを持っています。おもな違いとして、以下の 4 点が指摘できます。

　第 1 に、ロシアでは貨物輸送にとって最重要の輸送手段です。鉄道輸送のシェアは、貨物輸送（トンキロベース）で 45％（2015 年）となっています。

　第 2 に、鉄道事業者の主軸は旅客輸送ではなく、貨物輸送です。旅客輸送での鉄道のシェア（人キロベース）は 23％（2015 年）に過ぎません。また旅客部門は赤字が続き、貨物部門の黒字で補てんする形が続いています。

第3に、鉄道は国際輸送においても重要な役割を果たしています。日本では、国際輸送はおもに海上輸送が担っていますが、ロシアは隣国と鉄道で結ばれており、大量の貨物が鉄道により輸送されています。

　第4に、鉄道が国家安全保障上の枢要な施設であると認識されています。そもそもシベリア鉄道の建設自体、日露戦争前夜の不穏な情勢の下で、有事対応に向けて工事を急いだという経緯があります（章末のcolumn2参照）。

② シベリア鉄道の概要

　シベリア鉄道は、ロシアの首都モスクワと極東の港湾都市ウラジオストクを結ぶ、総延長9,288kmの世界最長の鉄道路線です。歴史は古く、1891年に建設が始まり、1916年には現在のルートが完成しました。

　SLB開始時点で、シベリア鉄道には非電化区間が残っていましたが、2002年までに全線が電化されました。また、橋やトンネルの老朽化のため低速運転を余儀なくされていたアムール川横断区間でも、2009年に複線鉄橋への改修が完了し、最大のボトルネックが解消されました。その後も、混雑区間での迂回線の整備や待避線の建設などによる輸送力の増強が続けられています。

　プーチン大統領の指示を受け、ロシア連邦政府は、2014年10月に「バイカルアムール鉄道（バム鉄道）およびシベリア鉄道の近代化についての要綱」を決定しました。年間の貨物輸送能力を、2020年には2012年時点と比べてシベリア鉄道とバム鉄道の合計で6,600万トン増加させることになっています。たとえば、シベリア鉄道の東端にあたるハバロフスク～ナホトカ間では、

図8.3　ヤロスラブリ駅（左）、ウラジオストク駅（右）
(出所：（左）2017年6月、（右）2018年4月筆者撮影)

7,850万トン/年を1億2,510万トン/年に引き上げる計画です。この計画のおもな目的は、沿線からの石炭やその他の鉱産物等の輸出増加に対応することですが、コンテナ貨物輸送にとっての条件改善にも繋がるものです。

③ ロシア鉄道改革と民営化

　旧ソ連およびロシアの鉄道は国営鉄道として運営されてきましたが、1992年のロシア連邦成立と同時に開始された市場経済移行に伴う経済混乱もあり、非効率な経営が深刻な問題となりました。SLBについても、運賃の高騰、サービスの質の低下などの影響が出ました。

　そこでロシア政府は、2001年5月、民間の参入を実現し、鉄道事業の公平な競争を促すため、事業別の分割・民営化、上下分離を柱とする改革を実施することを決定しました[2]。これを踏まえ、2003年10月に鉄道省が管理・監督部門と運行・経営部門に分割されました。運行部門、関連企業、職員等の大半は、100％政府出資の株式会社ロシア鉄道（以下、ロシア鉄道）に引き継がれました。管理・監督機能は鉄道省に残されましたが、2004年3月の連邦政府機関再編により運輸通信省（現・運輸省）に統合されて、帝政ロシア時代以来161年の省の歴史に幕を閉じました。

　2004年の民営化ののちには上下分離が進みました。現在、ロシア鉄道は線路等のインフラと機関車を所有、運用するとともに、列車運行ダイヤを管理しています。個々の鉄道運送事業者は、ロシア鉄道の施設・設備を利用しつつ、自社の車両を運行して貨物・旅客運送を行っています。

(2) ロシア極東の海上コンテナ輸送

　ロシア極東には、計22の港湾が存在しています。このうち、SLB輸送の積み替え拠点となっているのは、ウラジオストク港とボストーチヌイ港です。これら2港を含むロシア極東港湾の定期コンテナ航路で主要な役割を果たしているのが、旧ソ連時代の国営船社の流れをくむFESCO（Far-Eastern Shipping Company）です。同社は、伝統的に、日本、韓国、中国との間に定期コンテナ航路を運航しています。

　日本船社では、商船三井がFESCOとの共同運航サービスを行っています。隔週運航で、ロシア側はウラジオストク港、ボストーチヌイ港に、日本側では

図 8.4　ウラジオストク港（左）とボストーチヌイ港（右）
（出所：（左）2016 年 3 月、（右）2012 年 1 月筆者撮影）

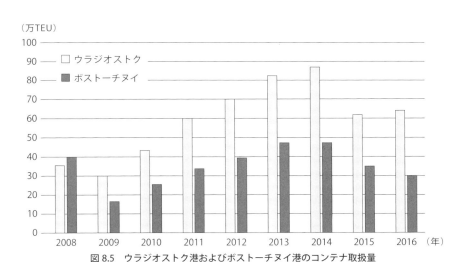

図 8.5　ウラジオストク港およびボストーチヌイ港のコンテナ取扱量
（出所：Mortsentr 社発表資料）

仙台、横浜、清水、名古屋、神戸、富山などの各港に寄港しています[注1]。運航頻度が低いこと、日本列島を一周するため輸送日数が長いことなどが短所です。外国船社では、現代商船、マースク、CMA-CGM、KMTC などが定期コンテナ航路を運航しています。

（注 1）航路は随時変更されます。本章での船社、寄港地についての記載内容は、2017 年 9 月時点で確認できた情報によっています。

主要2港のコンテナ取扱量は、近年、頭打ちの状況にあります（図8.5）。ウラジオストク港では、港内最大のコンテナターミナルの取扱能力が年間50万TEUであり、その他のふ頭での取扱を含めても、2014年の実績はほぼ取扱能力の限界に近いと考えられます。これに対して、ボストーチヌイ港コンテナターミナルの取扱能力は年間65万TEUであり、最大で年間220万TEUまで拡張可能な設計になっているため、まだ十分に余裕があります。

(3) 複合一貫輸送の担い手
① 複合一貫輸送業者
　荷主企業に対して、SLB輸送サービスを直接的に提供するのは複合一貫輸送業者（NVOCC）です。彼らは各区間の運送事業者のサービスを統合して、自社で通し船荷証券（B/L）を発行することでサービスを提供しています。SLBに従事するNVOCCは大きく二つに分けられます。

　ひとつは、ロシア国内で鉄道輸送を手掛けつつ、海上輸送も含めて荷主にサービスを提供する企業です。代表的な企業は、トランスコンテナ社およびロシアントロイカ社です。前者は、鉄道の上下分離改革の一環で、ロシア鉄道の100％子会社として2006年に設立されました。ロシアントロイカ社は、ロシア鉄道とFESCOの共同出資により設立された企業です。これらの企業は、コンテナやコンテナ輸送台車を所有して自ら輸送を行っており、その面では実運送事業者（オペレーター）としての顔も持っています。

　もうひとつのグループは、これらのロシアのNVOCCのサービスを「仕入れて」顧客に販売するロシア国外のNVOCCで、純粋な利用運送事業者ということになります。日本では、日本トランスシベリヤ複合輸送業者協会（TSIOAJ）に9社が加盟しています。なお、このTSIOAJはSLB創成期の1975年に設立されたものです。

　以上のように、SLBには各国の鉄道事業者、海運事業者、NVOCCなどさまざまな主体が関わっています。これら相互の連携を図るべく、1993年11月にシベリア横断鉄道調整評議会（CCTT）が設立され、TSRコンテナ輸送の拡大に向けた協力を進めています。

② ブロックトレインと高速化

　90年代のSLBは、定時性の面で大きな課題を抱えていました。その対処のために導入されたのが、ブロックトレインとよばれる、途中で列車の編成替えを行わずに目的地へ到達するコンテナ専用列車です。ロシアの通常の貨物列車は、路線の分岐駅などで目的地別の編成替えを行います。その際、特定の方面向けの貨車が少なく標準の列車長に満たない場合は、同方向の貨車が集まるまで待機することになります。待機日数を事前に把握することは困難で、このことが定時性、予見性を妨げる要因となっていました。そこで、ボストーチヌイ港発モスクワ向けなど一定の需要が見込める区間について、ブロックトレインが導入されました。韓国の自動車メーカーなどの現地組立工場向けの部品輸送にも、こうしたブロックトレインが設定されました。

　ブロックトレインが定時性確保に一定程度奏功すると、ロシア鉄道はその高速化に力を入れました。2009年には「シベリア鉄道7日間」というスローガンを掲げ、極東港湾から欧州連合（EU）との国境までの1万キロメートル以上の距離を1日平均1,500km超の速さで結ぶことをめざしました。試験運行ではほぼ目標レベルに達したものの、営業ベースではややスピードが落ちてモスクワ～ボストーチヌイ・ウラジオストク間の輸送日数は7～11日程度となっています。

　また、ブロックトレインの発着駅は、サンクトペテルブルク、ノボシビルスクといったロシア各地の主要都市や、カザフスタンなど中央アジアにも広がっています。さらに、リアルタイムの追跡やオンラインでの予約・決済などのサービス向上も進んでいます。

　こうしたブロックトレインの改善は、ダイヤ編成と機関車の運用を行うロシア鉄道と、顧客のニーズを把握しているトランスコンテナなどのオペレーターとの協力によって進められています。

8-3　展望と課題

（1）ユーラシア横断輸送の文脈でのSLB

　大航海時代以来、アジア～欧州間の貨物輸送は海上輸送が主流であり、いわゆるシルクロード沿線で大きな産業は発展しませんでした。しかし、近年、前

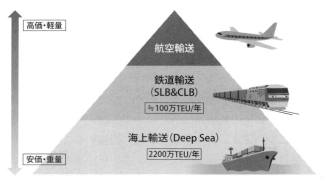

図 8.6　輸送モード別の市場の分割
(出所:筆者作成)

章で紹介した中国が進める一帯一路構想や、次章でも触れるロシアやカザフスタンなどで構成されるユーラシア経済連合などの登場により、ユーラシア横断輸送（ユーラシア・ランドブリッジ）が注目を集めており、新たな展望が生まれる可能性が出てきています。

　一般に、鉄道輸送は海上輸送に比べて、少量高速輸送に優位性を持っています。他方、鉄道輸送は海上輸送に比べて高価です。こうした関係を航空輸送も含めて、輸送モード別の市場の分割として模式図で表すと図 8.6 のようになります。SLB と CLB は、海上輸送市場と航空輸送市場の間に挟まれたニッチ市場を開拓していることになります。現状をみると、2015 年にシベリア鉄道を利用した国際輸送実績（CLB 等の輸送分も含む）は 63.9 万 TEU[注2] でした。これに対して、同年のアジア〜欧州間の海上輸送量は西航・東航合計で、2,174 万 TEU[注3] にのぼりました。鉄道輸送は海上輸送の 2.9% に過ぎない計算で、ニッチな市場であることがわかります。

　今後の展望については、関係国間の貿易関係全体の傾向、貿易構造の変容、そのなかでの輸送モード選択などさまざまな要素の影響を受けるため、一概に見通しを示すことは困難です。

　たとえば、市場の一部分である日本からの欧州向け西航貨物に関していえ

[注2]　シベリア横断鉄道調整評議会（CCTT）による。
[注3]　日本海事センター企画研究部作成資料による。

ば、鉄道輸送にシフトし得るコンテナ貨物の潜在的市場規模は年間1万〜数万 TEU と試算されています[3]。韓国、中国を加えればこの数倍になるでしょうが、それでもアジア〜欧州間の全物流量のうちわずかなシェアを占めるに過ぎず、さらにそれを SLB と CLB で奪い合うことになります。

　より大きな潜在性を秘めているのは、次章でも一部触れるような、ロシアのシベリア地方や中央アジア諸国などユーラシア中央部と、欧州、東アジア、東南アジア、南アジアなどの間、さらには同地域とユーラシア大陸外との間の物流の拡大だと考えられます。つまり、大陸内部の経済発展がカギを握ることになります。

（2）日本海航路の充実

　日本の視点で SLB を評価した場合、大きな問題となるのは日本とロシア極東との間の航路が弱体であることです。前述したとおり、この区間で運航されている定期コンテナ航路は、FESCO と商船三井が共同運航する隔週運航航路しかなく、高いレベルの輸送スケジュール管理を前提とする現代の物流ニーズを満たすことができません。そこで、現状では釜山港を経由したトランシップ輸送も利用されています。ただしその場合でも、輸送頻度は改善できますが、輸送日数は必ずしも短縮できません。また、積替費用がかかることから運賃面でも荷主の負担となります。

　最低限必要なのは、日露間を結ぶウィークリーのコンテナ航路の開設です。同時に、輸送日数を短縮することも重要です。日本海側の諸港湾からウラジオストク港あるいはボストーチヌイ港までは2日以内で航行可能です。2016年に TSIOAJ が実施した輸送実験では、横浜港からモスクワまでの輸送日数が20日間でした[4]が、ボストーチヌイ港までの海上輸送に7日を要していて、これを2日に短縮できれば、計算上は日本の積み出し港からモスクワまで15日間で届くことになります。

　さらに運賃の低下も望まれます。現状は独占状態ですが、新たな船会社が直航航路を開設して、既存航路との競争が生まれれば、運賃水準の低下が期待されます。そのことは、ひいては SLB 全体の競争力強化と集荷拡大という好循環に繋がると考えられます。

(3) 朝鮮半島縦貫鉄道との相互乗入

より長期的な展望では、シベリア鉄道と朝鮮半島縦貫鉄道の相互乗り入れが視野に入ってきます。これにより、釜山からユーラシア大陸各地までの鉄道の運行が実現できることになります。

図 8.7　羅津港第 3 ふ頭
(出所：2014 年 7 月筆者撮影)

ロシアと北朝鮮の間では、2001 年 8 月の首脳会談でシベリア鉄道と朝鮮縦貫鉄道との連結（相互乗入）に合意しています。その後、具体的な進展はありませんでしたが、2010 年前後から、一部を先取りするプロジェクトが動き出しました。それは、朝ロ合弁企業の「ラソンコントランス」による鉄道・港湾改修プロジェクトです。国境から羅津港までの鉄道を標準軌（北朝鮮規格）と広軌（ロシア規格）の混合軌道に改修し、併せて羅津港第 3 ふ頭を改修する工事を行いました。2014 年 7 月に完成式典が行われ、現在はロシア産石炭の輸出に利用されています。

韓国と北朝鮮の間では、2000 年 6 月の南北首脳会談での合意に基づき、京義線の南北境界をまたぐ区間が再建され、2007 年から翌年にかけてこの区間で鉄道が運行されました。しかし、その後は再び運行が途絶えています。

羅津港プロジェクトは、ロシア側の鉄道貨物が北朝鮮領内の一部を通過するにすぎませんが、朝鮮半島縦貫鉄道との相互乗入に向けた第一歩と位置づけることができます。2014 年秋に「勝利」という名前の大規模なロ朝協力プロジェクトが大々的に報じられ、次のステップとなることが期待されましたが、結局、立ち消えになりました。朝鮮半島情勢は不透明で予断を許しませんが、将来的に北朝鮮が国際社会に参加するようになれば、これらのプロジェクトも大きく進展することが予想されます。

【参考文献】
1) 辻久子『シベリア・ランドブリッジ─日ロビジネスの大動脈─』、成山堂書店、2007 年
2) 斎藤大輔「未完のロシア鉄道改革」、『ロシア NIS 調査月報』、2011 年 1 月号、ロシア NIS 貿易会、2011 年、34-51 頁
3) 新井洋史「ユーラシア物流の台頭と新たな日本海物流の胎動」、『運輸と経済』、第 76 巻第 12 号、運輸調査局、2016 年、77-83 頁
4) 辻久子「シベリア鉄道フォーラム」、『ロシア NIS 調査月報』、2017 年 7 月号、ロシア NIS 貿易会、2017 年、26-29 頁

column3　ロシアの鉄道整備と地域開発

　シベリア鉄道は、本文中にもあるように、1891 年に皇帝アレクサンドル 3 世が皇太子ニコライ（のちの皇帝ニコライ 2 世）に建設を監督する指示を出すことによって開始されました。建設は急ピッチで進められ、1901 年の春には中国を経由するルートでハバロフスクまで暫定開通し、1903 年にはサンクトペテルブルクからウラジオストクまでの鉄道輸送事業が開始されたといわれています。しかし、バイカル湖付近の区間だけは開業が 1905 年に遅れました。そもそもバイカル湖はご存知のとおり広大な湖（南北 680km、東西 40km、最大水深 1,600m 以上）で、周囲は山岳地帯ですから、鉄道を敷設する平地が少なかったのです。シベリア鉄道が暫定的に全通した直後は、バイカル湖の区間は、夏季はフェリー（左下図）で、冬季は氷上に軌道を敷設することで通行していました。

　興味深いのは、日露戦争が開戦したのが 1904 年だったということです。戦地は極東でしたが、兵器や弾薬を製造する工場はウラル山脈以西のヨーロッパ側にあったため、ロシアは兵力や物資を輸送するのにシベリア鉄道を利用しました。シベリア鉄道があったからこそ、ロシア軍は日本軍と対等の戦いを進めることができたともいわれています。しかし、当時のシベリア鉄道は単線でバイパス路線も存在せず、またバイカル湖に差しかかるとフェリーを待たなければいけなかったので、輸送力不足が深刻であったとされています。もし開戦前にこの区間の鉄道が開業していたら、日露戦

バイカル湖で鉄道を代替するフェリー
（出所：Yudin, 2009）

ロシアの地域区分

 さて、その後ロシアは1917年から社会主義へと突き進んでいきます。社会主義下では、国民の平等な生活を確保するために、相当の物流量・交通インフラが必要となりますが、1922年に成立したソ連ではその大部分を鉄道が担ってきました。では、その整備状況に地域差はなかったのでしょうか。そこで、第2次世界大戦終結後、国内外の混乱が一度収束し、資本と労働力を政府が計画的に配分できたと考えられる1950年以後の冷戦下において、ロシアにおける工業生産額と鉄道敷設長および人口との関係性を分析してみました。すると、やはりそこには地域による差があることがわかりました。なお、ロシアの地域区分としては上図に示すような7地域区分を用います。

 具体的には、たとえば中央地域や沿ヴォルガ地域では、鉄道敷設長や人口規模に対して実際の工業生産額が大きい傾向があり、投資効率が高かったことがわかりました。逆に、南・北カフカス地域やシベリア地域、極東地域では、実際の工業生産額が全国傾向に比べて小さく、投資効率が低い傾向がありました。北西地域やウラル地域は全国傾向とおおむね等しくなりました。

 均衡ある発展が謳われながらも、中央地域や沿ヴォルガ地域など首都周辺においては、機械工業や電気エネルギー、化学工業などの産業がもともと盛んだったところに、五カ年計画で増産が計画され重点的に投資されていったのが、結果として投資効率が良くなった原因と思われます。首都周辺には1950年までにすでに密な鉄道ネットワークが整備されていたため、追加的な鉄道敷設は最小限ですんだという面もあります。

 東部のシベリア地域や極東地域では、石油、天然ガス、石炭などの豊富な資源が存在していたため、シベリア鉄道のバイパス線であるバム鉄道が開通すれば相当な経済効果があるものと期待されていました。しかし、たび重なる建設延期によって計画か

ら50年以上遅れた1984年まで全通しませんでした。そのため、資源の産地直近まで支線を敷設しても、最終的にはシベリア鉄道の容量以上には輸送ができず、またシベリア鉄道本線で生じた支障が支線にまで影響を及ぼすなど、東部での支線建設の効果を活かしきれなかったために投資効率が低くなったと思われます。

極東地域と南・北カフカス地域は、ともに海軍の基地を有しています。冷戦やそれ以前から続く近隣諸国との対立などもあり、経済成長ではなく安全保障の点から鉄道の整備が必要だった点が、同地域について投資効率を度外視してでも鉄道を整備する必要があった原因と考えられます。

このように、冷戦下のソ連では、既存産業への重点投資が行われた地域以外では、地域によって資源開発目的や安全保障目的で、鉄道インフラ整備と人口配置が行われていったということになります。

1991年にソ連が崩壊して以降、しばらく鉄道の新設が止まりますが、近年は再び鉄道整備が進められつつあるようです。第7章で紹介した中国の一帯一路政策の分析などと同じように、どの方面に鉄道敷設が行われているのかを、そのホンネとともに探ってみるのも面白いと思います。

【参考文献】

Dmitriev-Mamonov, A.I., and Zdziarski A.F. (1900) Guide to the great Siberian railway. The Ministry of Ways of Communication, Saint-Petersburg

浅井勇『シベリア鉄道』、教育社、1988年

Kazuyuki Fujita, Kiichiro Hatoyama, Sergey V. Shaposhnikov (2017) A Historical Overview of Railway Construction and its Association with Economic Growth in Russia, Journal of the Eastern Asia Society for Transportation Studies, Vol.12, pp.234-250.

Yudin A. V. (2009) Transsibirskaya magistral putevoditel, https://www.litres.ru/aleksandr-udin/transsibirskayamagistral-putevoditel/ (ロシア語)

第 9 章

中央アジア：世界最大の陸封地域

9-1 どうやって海港にアクセスするか？

中央アジア諸国（カザフスタン、ウズベキスタン、キルギス、タジキスタン、トルクメニスタンの5カ国、図9.1）は、いずれも旧ソ連を構成した共和国で、海岸線を持たない、いわゆる内陸国（landlocked countries、陸封国）です[注1]。このうちカザフスタンとトルクメニスタンはカスピ海に面しており、後述のとおり港湾もありますが、海港へ出るためには再度イランや南コーカサス諸国を陸路で通過しなければならないため、内陸国であることには変わりません。これら中央アジア諸国のなかには、世界第9位（271万km²）の国土面積を有するカザフスタンや、世界で他に一例しかない[注2]二重内陸国（内陸国に囲まれた内陸国）のウズベキスタンなどを含み、面積や海洋からの距離などを考えれば、世界最大の内陸地域といえるでしょう。

これら中央アジア諸国の現在の主要貿易相手国は、北に接するソ連時代の宗主国ともいえるロシアや、東に接する資源や商品貿易の相手国として近年急激に存在感を増している中国などであり、したがって陸路での交易が中心となります。しかし、たとえば日本、韓国[注3]、東南アジア諸国や、米国、西欧（とくに西部に位置する諸国）などとの貿易においては、量は少ないかもしれませんが、海港へアクセスし海上輸送を行うことが必要です。

（注1）これら中央アジア5カ国に南接するアフガニスタンも、旧ソ連構成国ではありませんが、内陸国で海港を持たないなど共通の特徴を持つため、中央アジア地域に含めることも考えられます。ただし、本書執筆時点で依然として内戦状態に近く、物流の実態を把握することが困難なため、本章では明示的には扱いません。

（注2）もうひとつの二重内陸国は、スイスとオーストリアに囲まれたリヒテンシュタインです。ただし、二重内陸国といっても、リヒテンシュタインは、EU域内の、かつ非常に小さな国ですので状況は全く異なります。したがって、ウズベキスタンが世界でもっとも内陸国としてのハンディキャップを抱えている国といえます。

（注3）韓国は、スターリンの時代にソ連極東地方などの朝鮮族が中央アジアに強制移住させられた経緯もあり、伝統的に日本などよりも中央アジア諸国との結びつきは強くなっています。

第9章 中央アジア：世界最大の陸封地域

図 9.1　中央アジア

　筆者らのインタビュー調査によれば、中央アジア諸国発着貨物の海上アクセスの際のゲートウェイ港湾は、図9.2に示すように広範囲にわたっていると考えられます。大まかにいえば、以下に示す3方面6地域に分けられます。なお、残念ながら各ルートの利用状況に関する具体的なシェア等の数値は入手できないため、以下はあくまで現地インタビュー調査等に基づく定性的な推察にとどまります。

　はじめに、日本・韓国・東南アジア方面貨物の多くが利用すると考えられる東方面については、極東ロシアと中国の港湾を経由するルートがあります。シベリア鉄道（ロシア鉄道）を経由し、ウラジオストクやボストチヌイなどの極東ロシアの港湾へ至る①**極東ロシア港湾ルート**は、第8章で紹介したとおりソ連時代からの伝統的なルートであり、当時は国境越えの必要がなかったこともあってメインルートとして利用されていました。ただし、次の中国ルートと比べると陸送距離が長く、筆者らの日系企業等への現地インタビューでも、バックアップ（非常時の代替ルート）として考えている、あるいは中国が許可しない危険物や重量物・オーバーサイズの貨物の輸送に利用する程度という意見が多く、現在はあまり使われていないようです。一方、②**中国港湾ルート**は、第7章で紹介したように、中国の一帯一路政策の「一帯」（陸路）を構成

図9.2 中央アジア諸国発着貨物のゲートウェイ港湾
（出所：筆者作成）

するシルクロード経済帯のメインルートです。第7章でも触れたように、もともとチャイナ・ランドブリッジ（CLB）の起点は連雲港（図9.3左）でしたが、最近は天津や青島、上海などもゲートウェイ港湾として利用されている模様です。中国と中央アジアの接続については、本章でも後ほど詳しく触れます。

中央アジアから西方面へのアクセスも、大別して2つのルートが存在します。ひとつはカスピ海上のフェリー、または陸路経由でコーカサス地方を通過し、ノボロシイスク（ロシア）やポチ（ジョージア（グルジア））などの黒海の港湾へ至るルート（③**黒海港湾ルート**）です。もうひとつは、サンクトペテルブルク（ロシア）やリガ（ラトビア）など、北西のバルト海へ抜けるルート（④**バルト海港湾ルート**）です。中央アジア諸国と結びつきの深いロシアの首都モスクワを経由することもあり、このルートもよく利用されているものと考えられます。

一方、中央アジアからの陸送距離がもっとも短いのが、南方面のアラビア海沿岸港湾へのアクセスです。そのなかでも、⑤**パキスタン港湾ルート**は後述の

図 9.3　CLB の起点である連雲港（左）、およびカザフスタン国境（ドスティク）における旅客列車の台車交換の様子（右）

（出所：（左）2006 年 12 月、（右）2008 年 8 月筆者撮影）

　イランの港湾よりも、より陸送距離が短いのですが、途中に政情が不安定なアフガニスタンを挟むため、現在はほとんど利用されていないと考えられます。そのため、現状でこのルートでもっとも利用されているのは、ペルシャ湾を挟んでちょうどドバイの対岸に位置する、イランのバンダルアッバース港へ至る⑥**イラン港湾ルート**です。なお、中央アジア発着貨物のゲートウェイとしてのパキスタン港湾のポテンシャルについては、本章の最後でも触れます。

　このように中央アジアは、内陸地域として物流上の非常に大きなハンディキャップを抱えているため、地域協力や経済連合によってそれらを少しでも克服しようという動きもみられます。ひとつは、中央アジア地域経済協力（CAREC）とよばれる枠組で、アジア開発銀行（ADB）の呼びかけで 2001 年に発足し、現在は、中央アジア 5 カ国だけでなく、アフガニスタン、パキスタン、アゼルバイジャン、ジョージア、中国（新疆ウイグル自治区）、モンゴルも含めた 11 カ国、および ADB を含む 6 つの国際機関がメンバーとなっています（ただし、ロシアはメンバーではありません）。たとえば、CAREC プログラムのひとつとして、図 9.4 に示す CAREC 回廊とよばれる地域回廊を策定し、インフラ整備や越境抵抗の削減を重点的に進めるなどして、地域内外の連携性を高めていくことを目標としています。図をみると、CAREC 回廊においては、2010 年に加盟したパキスタンが、CAREC 地域のゲートウェイ港湾として位置づけられていることがわかります。

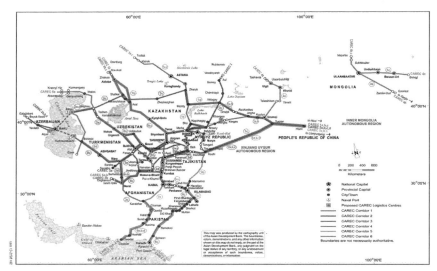

図 9.4　CAREC 回廊
(出所：アジア開発銀行)

　もうひとつの連合は、ロシアが主導するユーラシア経済連合（EAEU）です（図 9.5）。2010 年に、ロシア、カザフスタン、ベラルーシの 3 カ国で前身のユーラシア関税同盟（EACU）が締結され域内の関税が撤廃されており、さらに経済的結びつきを強化することを目的として、2015 年に EAEU が発足しました。同年中には、キルギスとアルメニア[注4]も新たに EAEU に加わりました。もちろん、EAEU は旧ソ連諸国の連合という側面もありますが、図 9.5 に示されるように、面積としては巨大な経済連合が出現することにより、中国と EU が EAEU のみを介して間接的に接する状況となったことは、大きな意味を持ちます。これにより、中国と欧州の間の国際貨物輸送を陸上輸送で行う場合に、海上輸送で行う場合に比べて、国境通過の手続きコスト等が著しく高いという状況は解消されつつあります。

　以降では、中央アジアやそれをとりまく各国・地域における国際物流の実態や今後の展望について、個別地域ごとにみていきます。

(注4) ただし、アルメニアは、現時点で他のどの EAEU 加盟国とも国境を接していないため、EAEU 加盟の恩恵は他国よりも少ないかもしれません。

図 9.5　ユーラシア経済連合加盟国（EAEU）と EU、中国の地理的関係

9-2　カザフスタン：一帯政策の影響をもっとも受ける国

　カザフスタンは、原油、天然ガス、石炭、鉄鉱石、ウラン、クロムなど天然資源が豊富に採れ、これらをパイプラインや鉄道で周辺国等に輸出する資源大国であり、一人あたりの GDP も 10,000 ドルを超えています。同時に、東方では中国と接し、西はカスピ海を介してイランやアゼルバイジャンとも接するなど、地理的にも重要な位置を占めます。

　国際トランジットの観点からみた中国との主要国境は 2 カ所で、CLB の時代からのメインルートであったドスティク（中国側は阿拉山口）と、カザフスタンの最大都市アルマトイや、ウズベキスタン等の中央アジア諸国方面へのより直線的なアクセスルートとして近年整備が進むホルゴスです（図 9.6）。カザフスタン以外にも、中央アジア諸国のなかではキルギスとタジキスタンは中国と国境を接していますが、後でみるようにこれらの国との国境は山岳部にあるため、これらの国と直接やりとりする貿易品以外、つまり他の中央アジア諸国（ウズベキスタン、トルクメニスタン）やヨーロッパ方面と中国（とくに中西部）との間の陸上貨物輸送は、現状においては基本的にカザフスタン経由で輸送されていると考えられます。逆にいえば、中国にとってもカザフスタンは

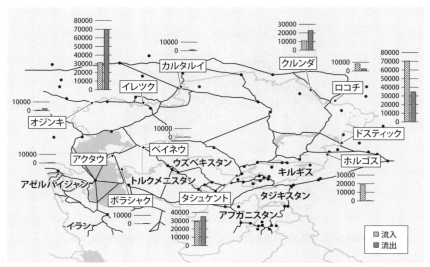

図 9.6　越境地点別のカザフスタンを通過する鉄道コンテナ貨物量
（2016 年、ブロックトレインによる輸送量、TEU）
（出所：カザフスタンフォワーダー協会資料より筆者作成）

一帯一路政策を推進するにあたりきわめて重要な国であり、実際に、習近平国家主席が一帯一路政策の一帯を構成するシルクロード経済帯構想を 2013 年に公表したのも、カザフスタンの首都アスタナにおいてでした。

　鉄道輸送の場合、カザフスタンと中国の国境を越えるためには、中国と旧ソ連地域では鉄道の軌間が異なるため、貨車または台車の交換が必要です（図 9.3 右参照）。またトラック輸送についても、中国が国連の TIR 協定（国際道路輸送通行手帳に関する国際貨物輸送協定）に正式加盟したのは 2017 年のことで、これに基づく直通輸送はまだほとんど行われておらず、国境で積み替えられることが一般的です。こうした課題はありますが、前述の EAEU の発足により、これらの国境が、旧ソ連圏（およびその向こうの EU）のゲートウェイとして機能することがますます期待されるようになっています。

　かつては、ドスティクの鉄道貨物積替施設の容量不足のため中国国内で大規模な貨物の滞留が発生したこともありましたが、現在はホルゴス地区に SEZ（特別経済区、図 9.7）や ICBC（国境協力国際センター、図 9.8）が設置さ

図 9.7　ホルゴス SEZ 内の貨車積替施設（下図で左の中国軌と右のカザフスタン軌の軌間が異なる）
（出所：2017 年 8 月筆者撮影）

れ、トラックや鉄道貨物の積み替えや両国の交流促進などが進められています。ホルゴス SEZ にあるドライポートの経営には中国の海運企業コスコと連雲港が参画し（合計で 49％の株式を保有）、逆に、連雲港のコンテナターミナルにはカザフスタン鉄道（KTZ）子会社でマルチモーダル輸送を担当する KTZ-Express 社が出資するなど、共同集荷体制の構築を進めています（第 7 章も参照）。

筆者らがカザフスタン政府や KTZ-Express に行ったインタビュー調査によれば、2016 年にカザフスタンを通過した中国～ロシア・欧州間鉄道コンテナ貨物は、両方向合計で約 10.4 万 TEU であり、2014 年の 2.4 万 TEU、2015 年の 4.9 万 TEU から倍々で増加しています。この増加ペースは、第 7 章図 7.3 で示した中国発国際定期コンテナ列車本数および輸送量の増加傾向とも一致しています。このほかに、カザフスタンを除く中央アジア発着貨物が 2016 年時点でおよそ 14 万 TEU あると考えられます。

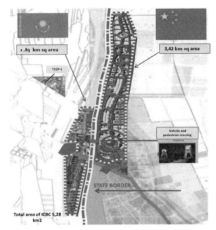

図 9.8　ホルゴス ICBC のマスタープラン（左）と国境ゲート（右上）、積替倉庫（右下）
（出所：(左) ICBC HP、(右) 2017 年 8 月筆者撮影）

　図 9.9 に、ブロックトレイン（定義は第 8 章参照）によりカザフスタンを通過した、鉄道コンテナ貨物の発着地域ペア内訳（方向別、2016 年）を示します。図より、西方向が東方向より 1.8 倍程度多いこと、両方向とも中国〜欧州間の輸送が過半を占め、次いで（カザフスタン以外の）中央アジアと中国および（極東）ロシアとの間の輸送も一定割合を占める一方で、中国からアフガニスタン、イラン、トルコなどへの輸送も行われていることなどがわかります。また、前段で述べた鉄道コンテナ通過輸送量と比較すると、中国〜ロシア・欧州間については 10.4 万 TEU で一致することから、通過鉄道コンテナ貨物のほぼ全量がブロックトレインとして輸送されていることが推察されます。一方で、前段で紹介した実績では 14 万 TEU となっている中央アジア発着貨物については、図 9.9 の合計では 6.4 万 TEU であることから、その差はブロックトレイン以外の貨物列車により輸送されたコンテナと推察されます[1)]。

　同じ資料より作成した、ブロックトレインによるカザフスタン通過鉄道コンテナ貨物の中国発着都市の内訳を、図 9.10 に示します。図より、輸出入いずれにおいても、成都、重慶、武漢などの内陸都市発着貨物が多くを占めている一方で、輸出については連雲港や義烏などの沿岸都市、輸入については、阿拉

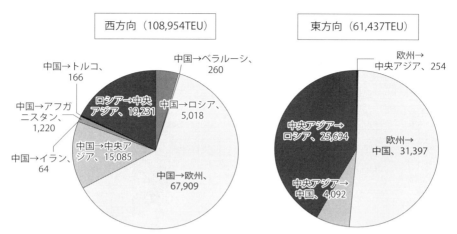

図 9.9　カザフスタン通過鉄道コンテナ貨物の発着地域内訳（ブロックトレインによる輸送コンテナ）
（出所：カザフスタンフォワーダー協会資料より筆者作成）

山口、ウルムチ、コルラといった国境近辺（新疆ウイグル自治区）も一定の割合を占めていることがわかります。相手地域によっても発着都市の特徴が異なり、欧州方面との貿易は成都、重慶、武漢といった主要都市が多い一方で、とくにロシア貿易についてはウルムチなどの西方都市が多く、また海上輸送ルートとの競合がない対中央アジア貿易については連雲港や青島、南京など沿岸都市からの輸出も多いなど、地理的な特徴を踏まえた傾向となっています。さらに、スペイン（マドリード）、イラン、アフガニスタンといったマイナーな目的地の貨物列車の多くは、卸売市場の集積地として有名な浙江省義烏市を発地としています（第 7 章 column2 参照）。

同様に、カザフスタン通過鉄道コンテナ貨物の欧州発着都市の内訳をみると（図は省略）、デュイスブルク、ハンブルク、ニュルンベルクといったドイツ諸都市が全体の過半を占め、次いでポーランド（クトノ、ウッチ）、オランダ（ティルブルフ）、フィンランド（コトカ）などとなっています。中央アジア発着のブロックトレイン貨物の多くは、ウズベキスタンの首都タシュケントまたはその郊外のチュクルサイを発着地としています。

上記で触れたような急激なトランジット貨物の増加を受け、カザフスタン政府は、2020 年に中国〜欧州間トランジット貨物量を 80 万 TEU まで増加させ

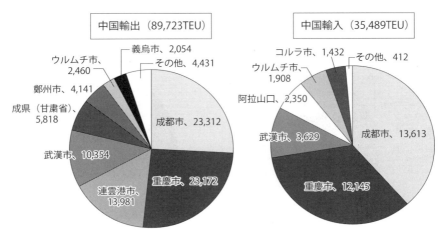

図9.10 カザフスタン通過鉄道コンテナ貨物の中国発着都市（ブロックトレインによる輸送コンテナ）　（出所：カザフスタンフォワーダー協会資料より筆者作成）

るとともに、自国や中央アジア諸国発着貨物、また後述のカスピ海経由ルートなどの貨物もあわせて200万TEUを取り扱うという、やや強気とも思われる目標を立てています。

9-3　ウズベキスタン、トルクメニスタンとカスピ海沿岸地域

　ウズベキスタンは、中央アジア諸国でもっとも人口が多く、カザフスタンが資源輸出によって急激に成長を遂げるまでは、中央アジア地域の盟主的存在でした。ウズベキスタンも天然ガスや石油、石炭などの鉱産資源を産出しますが、その量はカザフスタンやトルクメニスタンに比べれば少なく、一方で綿花の生産・輸出が伝統的に盛んです。

　前述のとおりウズベキスタンは二重内陸国であるため、少なくとも2回は国境を通過しないと海港へアクセスできません。経済の中心でもある首都のタシュケントが国土の北東、カザフスタンとの国境近くに位置しているため、現在のメインの物流ルートは、カザフスタン経由で中国にアクセスするか、または自国領土かカザフスタンを横断してロシア方面へ向かうかとなっています。一方で、南方へのアクセスについても、トルクメニスタン経由でイランのバンダルアッバース港へ向かうルートがあります。このルートも国境の通過は

図 9.11　イラン〜トルクメニスタン〜ウズベキスタン・ルートの状況（いずれもトルクメニスタン領内、上：イラン国境付近、左下：ウズベキスタン国境付近、右下：トルクメナバードのアムダリヤ川を渡る浮き橋（現在は新橋が開通ずみ））

（出所：（上および左下）2013 年 11 月筆者撮影、（右下）Brian McMorrow）

2 回ですみ、かつ陸上距離ももっとも短いため、バンダルアッバースの対岸に位置するドバイなどからの中古車の輸入をはじめとして多くの輸送に利用されている模様です（図 9.11）。ただし、イランの経済制裁に参加している日系企業にとっては利用しにくいルートとなっています。このルートは、途中のトルクメニスタン領内のアムダリヤ川架橋が浮き橋（ポンツーン橋）となっており、輸送上のボトルネックとなっていましたが、2017 年 3 月に新橋（鉄道との併用橋）が開通しました。

　さらに、ウズベキスタンの南方に位置するトルクメニスタンは、カザフスタンと同様に資源輸出に依存しており、とくにパイプラインで繋がっている中国への天然ガスの輸出が経済を支えています。海港へのアクセスについては、上記ウズベキスタンの項でも触れた、国境越えも 1 カ所ですみ陸送距離も短く、領内にトルクメン人も多く居住するイランを経由するルートがメインルートと考えられます。一方、同じテュルク系民族で経済的結びつきも強いトルコや欧州方面への、原油の輸出をはじめとする貿易のルートとしては、カスピ海に面

図9.12　カスピ海に面するアゼルバイジャン・バクー港（上）および鉄道
フェリーを下船しバクー市街地を横切る石油貨車（下）
（出所：2013年11月筆者撮影）

するトルクメンバシュ港から対岸のアゼルバイジャンの首都バクー港までフェリーを利用し、アゼルバイジャンから黒海沿岸のポチ港（ジョージア）またはトルコ方面まで陸路を再度経由するルートも利用されています（図9.12）。大型重機や建設機材などの一部の大型貨物輸送には、カスピ海と黒海を水上輸送ルートで結ぶボルガ＝ドン運河も利用されています。逆に欧州側からみれば、カスピ海の対岸に位置するトルクメニスタンは、中央アジアの入口（ゲートウェイ）に広がっている国と捉えることもできます（図9.13）。

このように、欧州・南コーカサス諸国からカスピ海を横断して中央アジアへアクセスするルートは、これまではバクーからトルクメニスタン（トルクメンバシュ港）へ向かうフェリーの利用が中心でした。しかし、同じくカスピ海に面するカザフスタンも、カスピ海沿岸のアクタウ港の拡張や隣接するクリク港フェリー・コンプレックスの開発（章末のcolumn4参照）、沿岸油田の開発、首都アスタナやトルクメニスタン方面との鉄道建設など、西部カスピ海沿岸地域の開発を重点的に進めています。また、KTZやアクタウ港会社が、アゼルバイジャン、ジョージアの港湾管理者や輸送事業者と組んで「カスピ海横断国

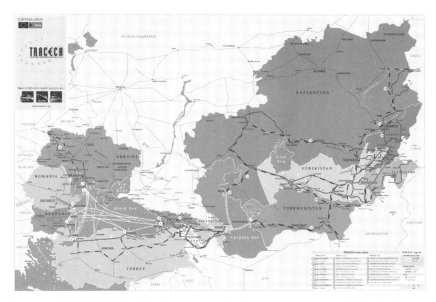

図 9.13　EU が支援する TRACECA（Transport Corridor Europe-Caucasus-Asia）加盟国と主要ルート
(出所：TRACECA ウェブサイト)

際輸送ルート（TITR）国際連合」を設立し、ロシアを経由せずに中国からトルコ・東欧方面へアクセスする一帯一路ルートの受け皿をめざした動きを見せています。このルートは、トルクメニスタン等を経由する従来のルートより通過国が少ないことから、将来的にはカスピ海横断のメインルートとなる可能性もあるでしょう。

9-4　フェルガナ盆地：複雑な国境線を持つ穀倉地帯

ウズベキスタン東部、およびキルギス、タジキスタンに跨るシルダリヤ川上流の峡谷部であるフェルガナ盆地は、肥沃な土地であることから伝統的に農業（綿花、穀物）や牧畜業が盛んで、人口も集中しています。また、南東のアサカ市には GM ウズベキスタン（旧 UZ-Daewoo）の自動車組立工場が立地しており、幹線道路には完成車や部品を輸送するトレーラーが行き交っています（図 9.14）。

フェルガナ盆地は古くから中央アジアの要衝として知られ、タジキスタン第2の都市ホジャンドにはアレクサンダー大王が築いた砦も残されています。現在も多くの民族が暮らしていますが、これを踏まえて設定されたソ連時代の共和国の境界が独立後にそのまま国境となったため、国境線が非常に複雑に入り組んでおり（図9.15）、多くの飛び地も存在します。さらに、このような複雑な国境線等に起因した国際紛争がたびたび発生し、とくにウズベキスタンと他の2国との国境は、現在も緊張状態にあります。

　このため、各国では、なるべく国境を通過せずにすむような道路・鉄道等のインフラ整備が行われており、たとえばウズベキスタンでは、フェルガナ盆地から首都タシュケント方面へのアクセスについて、すでに他国を経由しない山岳越え道路がメインルートとなっているのに加え、2016年には同区間の鉄道も開通しました。また、タジキスタンでも、フェルガナ盆地内に位置するホジャンドから首都のドゥシャンベまでのアクセスは、山岳を迂回する平地ルートだとウズベキスタン領内を通過することになるため、現在では険しい山岳ルート（図9.16）を通行することが、一般的となっています。

　他方で、図9.14に示したようなフェルガナ盆地のウズベキスタン領内の活況とは対照的に、国境付近では交通量は激減します。ウズベキスタンとキルギスの国境は開かれてはいますが、筆者らが2017年8月に通過した際も国境警備隊が通行人数を恣意的にコントロールするなどかなりハードルは高く（図9.17左）、またフェルガナ盆地内のウズベキスタンとタジキスタンの国境は第3国人しか通行が認められていないということで、非常に閑散としていました

図9.14　フェルガナ盆地（ウズベキスタン領内）を通行するトレーラー
（出所：2017年8月筆者撮影）

図 9.15　フェルガナ盆地と国境線

図 9.16　タジキスタンのドゥシャンベ〜ホジャンド間山岳ルートの状況
(出所：2017 年 8 月筆者撮影)

（図 9.17 右）。フェルガナ盆地から西方へ向かう鉄道も、ウズベキスタンとタジキスタンの国境越え区間があるため、現在は利用されていません。

　このように、農業や製造業などのポテンシャルは十分あると考えられるフェルガナ盆地ですが、ただでさえ内陸地域としてのハンディキャップがあるのに加え、複雑な国境線のために上述のとおり経済的にみると非効率な輸送ルート

図 9.17　フェルガナ盆地内のウズベキスタン・キルギス国境（左）とウズベキスタン・タジキスタン国境（右）（出所：2017 年 8 月筆者撮影）

をとらざるを得ないケースが多く、国境を越える交流の少なさと相まって地域の発展の足枷となっている状況です。

9-5　山岳地域のインフラ整備：中国、キルギス、タジキスタン、パキスタン

　中央アジアのなかでも山岳国であるキルギスとタジキスタンは、もとは他の中央アジア諸国と同様にソ連を構成する国でしたが、両国とも中国と隣接していることもあり、最近は中国との貿易も増えています。両国とも鉱産資源（金、水銀、アンチモン等）も一部産出するものの、他の中央アジア諸国のように原油や天然ガスなどの有機鉱物資源はほとんど産出せず、上記鉱産資源のほかは、水力発電による電気や農産物（綿花、タバコ等）、畜産物等が主要な輸出品となっています。山岳国で資源産出も多くなく、また独立後に内戦や武力衝突が起きたこともあって他の中央アジア諸国よりも経済開発・発展が遅れており、世界銀行や ADB などの国際機関や、JICA をはじめとする各国の援助機関による支援が集中的に行われています。その甲斐あって最近では、図 9.4 に示した CAREC 回廊の計画に沿ってインフラ整備（とくに道路整備）が進みつつあり、物流ハブの整備等によるインフラの効率的な活用や、人材育成などといったソフト面の支援にも重点が置かれ始めています。

　これまでの両国における国際物流のメインルートは、一度西方または北方のカザフスタンやウズベキスタンに出て、そこからロシア方面または南方のアラ

図 9.18　キルギス領内の中国アクセス高原ルート（標高 3,000〜3,500m 前後）
（出所：2017 年 8 月筆者撮影）

ビア海へアクセスするルートでした。しかし、前述のとおり、最近では両国とも中国との関係が強くなってきたこと、またとくにタジキスタンでは、ウズベキスタンとの関係の悪化や南接するアフガニスタンの混乱もあり、3,000〜4,000m 級の峠が連なるパミール高原などの山岳地帯（図 9.18）を越えて中国に直接アクセスするルートの重要性が高まっています。

　中国側も、両国に加えアフガニスタン（ワハーン回廊経由）やパキスタンからも近い歴史都市カシュガルは遠方国際物流港と位置づけられており（図 9.19）、中国最西部（新疆ウイグル自治区）だけでなく、中央アジア発着貨物の中継基地としての機能も担う計画となっている模様です。カシュガルからキルギス、タジキスタン、パキスタンへのアクセス道路も整備ずみ（図 9.20）です。とくに、海港へのアクセス路となるパキスタン方面の国境越え道路はカラコルム・ハイウェイとよばれ、1970 年代に整備されました。現在は、CPEC（中国・パキスタン経済回廊）プロジェクトの一環として、道路拡幅や鉄道整備が精力的に進められています。

　本来であれば、キルギス・タジキスタン両国から海港への最短アクセスルートは、アフガニスタン経由でパキスタン海港へ出ることですが、本章でたびたび触れたように、現在の中央アジアから南方の海港へのアクセスは、イラン港湾経由にほぼ限られています。アフガニスタンの治安状況の改善が短期的には見込めないなか、CPEC の完成やカシュガルの中継基地が機能し、中国経由でパキスタン海港へアクセスするルートが確立されれば、前述のとおり中央アジア地域のゲートウェイ港湾をめざしているパキスタンや、西方への海上アクセスを求める中国だけでなく、新しく、かつ距離の比較的短い海港アクセス

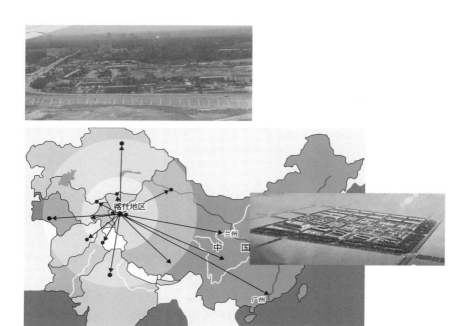

図9.19　カシュガル空港付近に広がるデポ（上）と遠方国際物流港計画（下）
（出所：（上）2017年8月筆者撮影、（下）Kashiqilu.com）

図9.20　カシュガル〜イルケシュタム（キルギス国境）間の高速道路（左）とイルケシュタム国境
（キルギス側、右）（出所：2017年8月筆者撮影）

ルートを確保できる中央アジア諸国にも裨益は大きいものと思われます。

　パキスタンも1回の国境越えで海港へアクセスできることから、中国にとって重要な国のひとつです。上述のCPECだけでなく、西端に位置する新たな海港（グワダル港）やそのアクセス鉄道の開発をはじめとして、一帯一路政策

図 9.21　パキスタンの経済回廊開発計画

の一環として、パキスタンの全国経済回廊開発計画（図 9.21）にも大きな影響を及ぼしています。

【参考文献】
1) カザフスタン共和国投資・発展省　プレスブリーフィング　http://www.mid.gov.kz/ru/news/v-2016-godu-dohod-ot-tranzitnyh-perevozok-sostavil-267-mlrd-tenge
2) 柴崎隆一・新井洋史「中央アジアに視点を置いた中国の一帯一路政策の影響：カザフスタンの鉄道トランジット貨物を中心に」、『海運経済研究』、第 52 号（掲載決定済み）、日本海運経済学会、2018 年

column4　カスピ海沿岸のカザフスタン・アクタウ港とクリク港

カスピ海沿岸に位置するアクタウ港は、周囲の陸上および湖底で産出する原油の積出港として発展してきましたが、対岸のマハチカラ港（ロシア）などで結局再度陸揚げする必要があるため、周辺のパイプライン・ネットワークが充実するにつれて取扱量が減少しています。このため最近では、アゼルバイジャンやイランとの間の、穀物などの一般雑貨やフェリー貨物などの輸送に力を入れています。

本文で触れたように、カザフスタン政府はこの地域の物流インフラ（ロジスティクス・ネットワーク）へ積極的に投資しており、アクタウ港（写真上）に隣接するアクタウ北港（2016年正式開港）や100kmほど南に離れたクリク港などを新たに開発するとともに、アクタウ港ではメガオペレーターのひとつであるDPWの支援を受け、コンテナの取り扱いを開始しました（2018年8月までに1,000本程度の取扱実績があったとのことです）。2018年8月に正式開港したクリク港（写真下）は、アクタウ港とともにカザフスタン鉄道（KTZ）傘下の港湾であり、今後は、クリク港はフェリー貨物の取り扱いに特化し、アクタウ港ではコンテナや一般貨物を取り扱うという役割分担が予定されています。

このようなカスピ海沿岸のカザフスタン諸港は、本文でも触れたカスピ海横断国際輸送ルート（TITR、次頁の図）や中国の

アクタウ港に入港するフェリー
（出所：アクタウ港）

2018年に正式開港したクリク港フェリーコンプレックス（出所：2018年8月筆者撮影）

一帯一路政策の一帯ルートに沿い、対岸のバクー港（アゼルバイジャン）で陸揚げされ南コーカサス諸国やトルコ・東欧方面へ向かう貨物（フェリー、コンテナ）の中継地となることも企図されていますが、本稿執筆時点ではこのルートに沿った輸送実績はまだあまり多くなく、一般在来貨物を含め、取扱貨物の多くはイランとの間の国際水上輸送（穀物、肥料、一般雑貨、建設材

料、自動車および部品等）となっています。

これまでは、まとまった輸送量が確保できないこともあり、コンテナ船やフェリーが満載になるまで出発せず、不定期輸送となっていることが本水上航路の課題とされてきましたが、クリク港の開港やカザフスタン国内の鉄道ネットワークの充実に伴い、より高頻度で定期的にフェリーを運行する環境は整いつつあります。

なお、アクタウ港の運営に参画しているDPWは、中国国境のホルゴスSEZの運営にも参画するとともにKTZのアドバイサーも務めています。これは、カザフスタン政府が、鉄道とカスピ海フェリー輸送の一体的な運営、および両者のグローバル・ロジスティクス・ネットワークへの接続を重視していることの表れともいえるでしょう。

カスピ海横断国際輸送ルート（TITR）の関係国
（出所：TITRウェブサイト　http://titr.kz/ru）

第 10 章

東南アジア：GMS 回廊とメコン川の利用可能性

　東南アジア地域の中でも、陸のアセアンとよばれるインドシナ半島は、世界的な大河川であるメコン川を抱え、別名メコン広域圏、または大メコン圏（GMS）ともよばれます。1990 年代に ADB によって提唱された GMS 開発プログラムは、道路、鉄道、港湾などのインフラネットワークの広域的な整備も柱のひとつとされていました。GMS の参加国・地域は、北から、中国（広西チワン族自治区および雲南省）、ミャンマー、ラオス、タイ、カンボジア、ベトナムです。

　GMS のなかでも、図 10.1 に示されるようないくつかの広域回廊が、重点的な開発・整備地域とされ、なかでも、ミャンマー中部〜タイ北部〜ラオス南部〜ベトナム中部を結ぶ東西回廊や、ミャンマー南部〜タイ中部〜カンボジア〜ベトナム南部を結ぶ南部回廊は、ADB だけでなく JICA も長年にわたり開発支援に力を入れてきた地域です。本章では、筆者による現地調査[注1]結果も踏まえ、これら両回廊を中心とする GMS 回廊の実態や今後の展望を整理します。とくに後半部分では、プノンペン（カンボジア）〜ホーチミン（ベトナム）間のメコン下流域を利用したバージ輸送（河川輸送）の現状と展望について、モデル・シミュレーションの結果も含めて紹介します。

10-1　GMS 東西回廊とその将来性

　ミャンマー第 3 の都市モーラミャインからタイ北部、ラオス南部を横断しベトナム中部の中心都市ダナンに至る GMS 東西回廊は、回廊沿いに首都は位置せず、各国の地方都市を直線的に結ぶという、ある意味 GMS 開発計画を象徴する回廊となっています。

（注1）筆者による現地調査の実施時期は、東西回廊東部（ラオス・サバナケット〜ベトナム・ダナン）：2014 年 6 月、南部回廊西部（ミャンマー・ダウェー〜タイ・バンコク）：2016 年 9 月、南部回廊中部（バンコク〜カンボジア・プノンペン）：2014 年 7 月および 2015 年 5 月、南部回廊東部（プノンペン〜ベトナム・ホーチミン）：陸路 2014 年 2 月、水路 2015 年 1 月、一部が中部回廊に位置づけられるラオス・ビエンチャン〜ベトナム・ビン間が 2016 年 2 月。

第10章 東南アジア：GMS回廊とメコン川の利用可能性

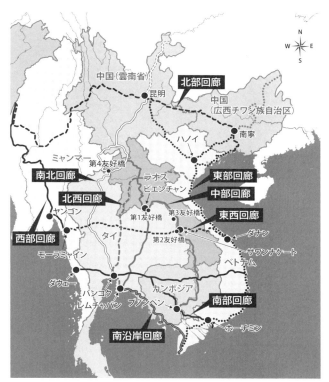

図 10.1　GMS 回廊
(出所：アジア開発銀行ウェブサイトより筆者作成)

図 10.2　第2タイ＝ラオス友好橋をラオス側（サワンナケート）より望む
(出所：2014年6月筆者撮影)

図 10.3　立地の進むサワンナケート (ラオス) 周辺
(出所：(左) 2014 年 6 月筆者撮影、(右) Savan Park 社 HP[1])

　とくに、タイ・ラオス国境のメコン川には、2006 年に同国境で 2 本目の架橋となる第 2 タイ＝ラオス友好橋 (図 10.2) が日本の支援により完成し、さらにラオス国内区間 (ラオス国道 9 号線) も JICA と ADB の支援により整備されてきました。その結果、第 2 友好橋に面したラオスの都市サワンナケートでは、経済特区工業団地 (Savan Park、Savan-SENO) を中心に、韓国系の自動車組立工場をはじめ、日系を含む自動車部品や玩具、縫製、金属加工など多くの労働集約型工場の立地が進んでいます (図 10.3)。

　ただしこれらの工場の多くは、タイ国内から友好橋を渡ってすぐアクセスできるという好条件を前提に、タイ国内に立地する地元・外国資本の製造業のうち、とくに労働集約的な工程において、工程間の輸送で生じるコストよりも人件費の節約効果のほうが大きい場合に、当該工程を賃金の安い周辺国に移して操業するという、いわゆる「タイ・プラスワン」的位置づけとして立地しています。このため、友好橋建設がラオスの一地域の経済にもたらした効果は十分大きいとはいえますが、少なくともラオス国内においては、現在の開発効果はサワンナケートとその周辺に限られており、線的 (あるいは面的) 開発の意味合いが籠められた、本来の「東西回廊」開発を達成するにはなお時間を要するかもしれません。

　東西回廊の、とくにラオス周辺をはじめとする東部において、回廊開発の鍵のひとつとなるのは、回廊の東端に位置するベトナム・ダナン港の活用です。上述のラオス・サワンナケートや、タイ東北部の一部地域に立地する工場に

とって、地域外の国々と海上輸送により貿易を行う際にダナン港が利用できれば、現在おもに利用されているタイ最大のコンテナ港湾であるレムチャバン港よりも、単純な陸上輸送距離は短縮されるため、コスト削減に繋がる可能性があります（図 10.1 参照）。さらに、中国や日本などの北東アジア諸国との貿易については、ダナン港を利用したほうが海上輸送距離も短縮されます。

　それにもかかわらず、現時点でこれらの地域からの輸出入にダナン港がほとんど利用されない理由として、筆者の現地インタビュー調査等によれば、①越境手続き費用・時間[注2]、②道路整備・走行状況、③港湾におけるエージェントの不在、④寄港する海上コンテナ航路が限定されること、などが指摘されました。このうち①については、少なくともラオス国内であればいずれにせよ 1 回の越境は必要不可欠ですし、②の道路状況も最近は改善されつつあり（図 10.4）、③港湾手続き等の不便さも利用が進めば解消される[注3]でしょうから、長い目で見れば大きな障害として残ることは考えにくいと思われます。一方で、④については、ダナン港でもコンテナターミナルの拡張や新規建設計画もありますが、ダナン港とレムチャバン港では規模が違いすぎるため、ダナン港がレムチャバン港並みのサービス水準（就航航路の多様性や頻度の高さ）に到達するのは容易ではないと思われます。そこで、たとえば海上距離的に優位な中国・日本などの北東アジア方面のサービス提供に特化するなどして、荷主・港湾・船会社が連携して一定量の貨物を集めることができれば、東西回廊の利用も増え、当初の目的であった面的開発も進むのではないかと思われます。

　もうひとつ、東西回廊東部区間の利用ニーズとして期待されていたのは、ベトナム・タイを結ぶ国際輸送です。従来のルートである海上輸送に比べて輸送コストは上がりますが時間を大きく節約できる（海上輸送：2 週間程度、陸上輸送：2〜3 日）ためです。陸上インフラの整備が現実に進むにつれ陸上輸送ルートの利用も増加している模様ですが、もっとも輸送ニーズが多いと思われ

（注2）筆者のインタビュー調査によれば、越境輸送に関する多国間協定（CBTA）は発効しているものの、実際の越境輸送は 2 国間の協定に基づき行われているのが実態とのことで、ベトナム〜ラオス〜タイのように通過国を挟む 3 カ国間の輸送においては、現状では、通過国登録のトラック以外は最低 1 回はトラックを交換する必要があります。

（注3）ただし、ラオス語とタイ語はほぼ同じ言語でコミュニケーションが容易であるのに対し、ベトナム語は大きく異なるため、コミュニケーションの難易度は若干増加します。

図 10.4　GMS 東西回廊ラオス区間（左：修復区間、右：未修復区間）
(出所：2014 年 6 月筆者撮影)

図 10.5　第 3 タイ＝ラオス友好橋ゲート（左）および国道 8 号線ラオス・ベトナム国境前の待機車列（右）（出所：2016 年 2 月筆者撮影）

るバンコク〜ハノイ両首都間の輸送については、東西回廊より山がちではあるもののより距離の短い、ラオス国道 8 号線および第 3 タイ＝ラオス友好橋（2011 年開通）を経由するルートが利用され（図 10.1、図 10.5）、同都市間の輸送において東西回廊の利用はほとんどみられない状況です。東西回廊としては、ハノイを中心としたベトナム北部、ホーチミンを中心とした南部に次いでベトナム国内で発展が期待されるダナンを中心とした中部諸都市と、タイ諸都市の間の交流拡大に貢献することが期待されます。

なお、図 10.6 に示したタイ・ラオス国境地点別の貿易額の推移をみれば、第 2 友好橋の開通（2006 年）以降はムクダハン（第 2 友好橋タイ側の都市）を、第 3 友好橋の開通（2011 年）以降はナコーンパノム（第 3 友好橋同都市）を通過する貿易額が急激に増加しており、これらの友好橋が貿易拡大に貢献していること、また第 3 友好橋の開通後にムクダハンからナコーンパノム経由に一部の貿易がシフトしたことが読みとれます。具体的な量は不明ですが、この貨物のなかには上述の対ハノイ貨物も多数含まれているものと想像されます。

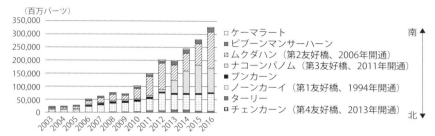

図10.6 タイ・ラオス国境地点（税関）別貿易額（2016年、両方向合計）
（出所：タイ国立銀行資料[2]より筆者作成）

10-2 GMS南部回廊 中・東部：カンボジア発着貨物を中心に
〜河川輸送のポテンシャルはどの程度か？〜

　東西回廊と異なり、GMS南部回廊の東側区間は、バンコク（タイ）〜プノンペン（カンボジア）〜ホーチミン（ベトナム）と、各国の主要都市を結びます。とくに、カンボジアはラオスのように内陸国ではないものの、同国の首都であり経済の中心でもあるプノンペンは、海港から約250km離れたメコン川沿いに位置する都市で、以下でみるようにさまざまな海上輸送へのアクセスルートが考えられます。

　なお、カンボジアの貿易構成は縫製品に特化しており、輸入額の約4割を繊維が、輸出額の半数以上を衣服が占めます。縫製工場の多くはプノンペン市またはその周辺県に立地しており、最近ではベトナム国境やタイ国境の特別経済区などにも立地が進んでいます。また、カンボジアの貿易相手国・地域については、輸入元は主として中国をはじめとする北東アジア、輸出先は北米がもっとも多く欧州や日本をはじめとする北東アジアもそれぞれ2〜3割を占めており、比較的近距離の国から原材料を輸入し、遠方の先進国へ製品を輸出する構図となっています。

　プノンペンを起点にすれば、輸出貨物の海上輸送へのアクセスルートは、大きく分けて図10.7に示す4つのルートが考えられます（輸入の場合は逆方向の動き）。

・ルートA：メコン川を利用し、バージでベトナムのホーチミン港、またはそ

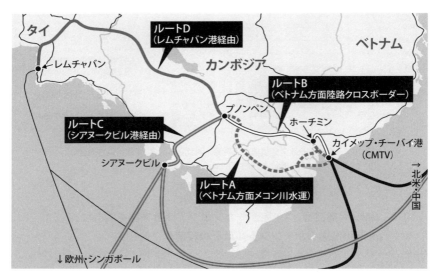

図 10.7　カンボジア・プノンペン発着貨物の 4 つの海上輸送アクセスルート
(出所：筆者作成)

の沖合にあるカイメップ・チーバイ（CMTV）港まで輸送し、外航コンテナ船に積み替えるルート。

・ルート B：陸路（道路）で、ベトナムのホーチミン港または CMTV 港まで輸送するルート。
・ルート C：カンボジアの海港であるシアヌークビル港まで陸送し、外航コンテナ船に積み込むルート。
・ルート D：タイのレムチャバン港まで陸送し、外航コンテナ船に積み込むルート。

このうち、ルート B とルート D が GMS 南部回廊に沿った道路輸送ルートということになります。

各ルートの実態（距離、所要時間、主要な経由地、主要なボトルネック等）を図 10.8 に整理しました。

ルート A のメコン川を活用したルートは、プノンペン市街の中心からカンボジア国道 1 号線を 20km ほど南東（ホーチミン方向）へ下った地点に立地するプノンペン新港（図 10.9 左、2012 年開業）が起点となります（つまり、

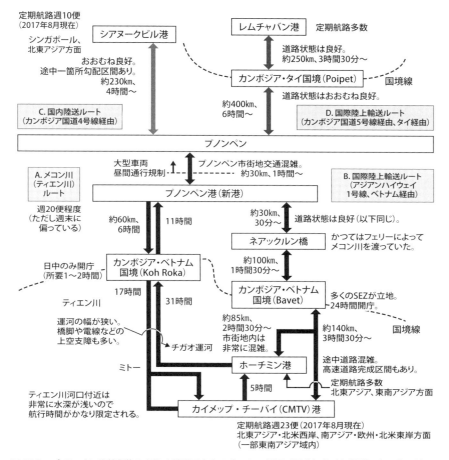

図 10.8　プノンペン発着貨物の各海上輸送アクセスルートの概要（図中にとくに記載のないものは 2015 年 5 月現在）（出所：インタビュー調査、各種報告書・データより筆者作成）

プノンペン市街から新港までは次のルート B と重複します）。プノンペン新港からベトナムのホーチミン港および CMTV 港までは、100TEU 前後のコンテナを積載可能なバージ（図 10.9 右）が、ベトナム・カンボジア両国の船会社数社合計で週 20 便程度運航されています。カンボジアの輸出手続きは出港前に行われ、6 時間ほど下った国境で、カンボジア側の出国の確認、およびベトナム側の入国（通過）手続きが行われます。国境に位置する両国の税関は、制

図 10.9　プノンペン新港（左）およびメコン川を航行するバージ（右）
（出所：2015 年 1 月筆者撮影）

度上は陸境と同様に 24 時間開庁していることになっていますが、行き交う船がそこまで多くないこともあり、実際には日中のみの運用になっているようです。

　ベトナム領内は 20〜30 時間の船旅で、比較的小さいサイズのバージは外洋に出ることなく、河口手前のミトーから運河（チガオ運河）を経由します。一方、100TEU を超えるようなやや大きめのバージは、運河に架かる橋脚・電線や航路幅等の制約のため、運河ではなく外洋を経由します。運河（チガオ運河）を経由するバージはバラスト水を入れて喫水を下げ、満潮時を避けるなどして高さ支障箇所を通過する（図 10.10 左）一方で、外洋を通過するバージは、河口付近は水深が浅いため逆に満潮時しか航行できず、半日近く潮待ちが必要なこともあります。ベトナムでは、北米方面の本船に接続可能な外港の CMTV 港に先に寄港して輸出貨物を卸し（図 10.10 右）、次いでアジア各地からの航路が多いホーチミンに寄港して輸入貨物を積み込むことが一般的です。プノンペンまでの復路は、河川の流れの関係で往路よりも時間がかかり、通常はちょうど 1 週間で 1 往復する行程で運航されています。

　ルート B は、ホーチミン港までの陸送距離が約 240km と、陸送距離でいえば次のルート C とほぼ同距離となっていますが、途中バベット（ベトナム側：モックバイ）で陸路国境（図 10.11 左）を越える必要があります。国境は 24 時間通過可能で、時折渋滞することがあるものの、待ち時間は最大でも数時間程度にとどまる模様です（ただし、国境越えや通過国の保税輸送に必要な準備なども含めて考えれば、越境抵抗がゼロというわけではありません）。とくに

図 10.10　チガオ運河（ベトナム）の橋脚桁下の通過（左）および CMTV 港に未明に到着したバージ（右）（出所：2015 年 1 月筆者撮影）

図 10.11　カンボジア・ベトナム国境（バベット）で入国待ちするトレーラー車列（左）と SEZ（右）
（出所：2014 年 2 月筆者撮影）

　カンボジア側の国境付近には、複数の SEZ（図 10.11 右）や ICD が立地し、コンテナの詰め出し（バンニング／デバンニング）も盛んに行われています。
　また、途中の道路も整備が進んでいて、たとえばメコン川を横断する区間についても、かつてはフェリーが利用されていて（図 10.12 左）、とくに大型物流車両はフェリーの容量制約のため長時間待たされることも多かったようですが、JICA の無償援助により建設された橋梁（ネアックルン橋、別名つばさ橋）が 2015 年に開通し（図 10.12 右）、ルートの利便性がさらに向上しました。
　ルート C は、4 つの海上輸送アクセスルートのなかで唯一国境を越える必要のないルートです。プノンペン市街を抜けるとシアヌークビルまで約 230km の片側 1 車線道路となり、一カ所峠越え区間があるものの、おおむね道路状態は良好です（図 10.13 左）。また最近では ADB の支援でリハビリされた鉄道も運行を開始し、今後は道路輸送とともにシアヌークビル港までの主

図10.12 カンボジア国道1号線（ルートB）上にかつて存在したメコン渡河フェリー（左）と同地点に開通したネアックルン橋（右）
（出所：（左）2014年2月、（右）2015年5月筆者撮影）

図10.13 プノンペン〜シアヌークビル間（ルートC）の道路状況（左）とシアヌークビル港（右）
（出所：2014年2月筆者撮影）

要なアクセス手段となることが期待されます。シアヌークビル港（図10.13右）は、内戦終結後の1990年代末からJICAが継続的に開発支援している港湾で、カンボジア唯一の深海港湾として、コンテナターミナルをはじめとして、多目的国際ターミナルや直背後のSEZの整備なども進められています。以前はタイランド湾を抜けてシンガポールやマレーシアの主要ハブ港で欧州方面等への本船と接続するフィーダー・サービスが多かったものの、最近は中国方面の航路も増えており、2017年8月現在でシアヌークビル港に寄港する海上コンテナ定期航路10航路のうち、6航路が中国など北東アジア方面となっています。

ルートDは、レムチャバン港までの陸送距離が約650kmとルートBやルートCの3倍近いこともあり、現状ではほとんど利用されていない模様です。ただし、タイ（主としてバンコク周辺）とカンボジア間の貿易では主要な国際

図 10.14　タイ・カンボジア国境（ポイペト）税関前の状況（左）と SEZ に立地する工場（右）
（出所：2015 年 5 月筆者撮影）

輸送ルートとして利用されており、とくにタイ・カンボジア国境のカンボジア側（ポイペト）には、本章前半のラオスのケースでみたようなタイ・プラスワンに位置づけられる SEZ や ICD が多く立地しており（図 10.14）、南部回廊のタイ区間（バンコク〜ポイペト間）の利用は多いことが推察されます。また、ベトナム方面のルート B と異なりカンボジア国内の走行距離が長いことから、両国のライセンスを有するトレーラーによる一貫輸送よりも、国境でトレーラーを交換しリレー方式で輸送するケースが多くみられるのが特徴です。

以上で、プノンペン発着貨物を念頭に、海上輸送アクセスルートとしての南部回廊およびその他のルートを概観しました。筆者らが推計した、カンボジア発着国際海上コンテナ貨物の、ルート別の輸送実績とその推移（TEU ベース、空コンテナも含む）を図 10.15 に示します。ここで、ルート A とルート C の実績は、それぞれプノンペン港とシアヌークビル港プノンペン港のコンテナ取扱実績です。また、ルート B については、公式統計は存在しないため、JICA 調査[4]に基づく推計値です。なお、ルート D については、このような推計値が存在しないため、図には含まれていません。図 10.15 より、輸出入ともルート C のシアヌークビル港を利用するコンテナが過半を占めているものの、輸出ではメコン川ルート（ルート A）、輸入ではベトナム陸路ルート（ルート B）の利用が年々増加していることがわかります。輸出と輸入で利用が増加したルートが異なる理由としては、①河川輸送における所要時間の違い、②輸

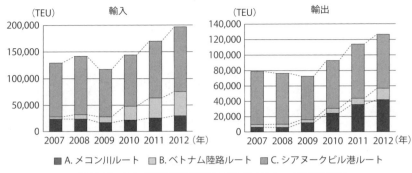

図 10.15　カンボジア発着国際海上コンテナのルート別輸送実績
（出所：各港統計および JICA [4]。ルート D の実績は不明）

出は製品を欧米へ長距離輸送するため原材料をアジアから輸入する場合に比べてロットサイズの大きい貨物が多い、③輸入はアジアと結びつきの強いホーチミン港から比較的距離が短いため陸路が、輸出は欧米と結びつきの強い CMTV 港まで比較的距離が長いため水路が利用されがちである、などの要因が考えられます。

　筆者らは、プノンペン〜ホーチミン、CMTV 間のメコン川を利用した水上輸送を対象に、バージに実際に乗船するなどして（調査結果の一部を図 10.16 に掲載。なお図 10.9 や図 10.10 に掲げた写真は乗船調査時のもの）、輸送条件改善や利用率向上に向けた取組・提言を行っています。たとえば、前述のようにカンボジア・ベトナム国境では税関の開庁が実質的に日中のみとなっていますが、これを夜間も通過可能とすれば、国境でのバージのスケジュール調整が不要となり、筆者らの試算によれば、現在往復に 7 日間を要しているものが 5 日間ですむことになります。期間が短縮されれば、荷主にとって輸送時間の短縮となるだけでなく、船舶の稼働率が上がり、単位貨物あたりの輸送費用の低減も期待できます。

　そこで、筆者らが別途構築した海上・陸上の双方の輸送ネットワークを考慮した国際海上コンテナ貨物の配分モデル [5] を本地域に適用し、上記輸送日数の短縮に加えて、航路の拡幅・増深による輸送船舶の大型化（現行の 1 隻あたり平均 85TEU から 170TEU に容量が 2 倍になったと想定）が実現した場

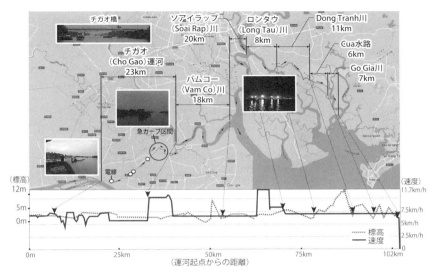

図 10.16　バージ同乗調査の結果例（支障箇所、速度、高度等：チガオ運河〜 CMTV 港間、2015 年 1 月実施）（出所：Google earth より筆者作成）

合の、各輸送ルートのシェアの変化を推計しました。なおモデル推計結果には、図 10.15 では考慮されなかったルート D も選択肢として含まれます。輸出入別の上記施策実施前後のシェアの推計値を図 10.17 に示します。

　これより、輸出貨物については、施策実施によりメコン川を利用するルート A のシェアが 10％近く増加する結果となっていますが、輸入についてはシェアの増加は 2％程度にとどまります。すなわち、ここまでにみてきたように現在比較的利用が多い輸出については河川輸送利用のメリットがさらに増加し、輸送シェアも増加すると考えられる一方で、比較的利用の少ない輸入については、この程度の改善では利用のメリットがあまり増加しないことがわかります。つまり、これらの施策の実施により河川輸送の強みは増強されますが、弱みを補う効果は限定的といえ、輸入はトラック、輸出はバージという傾向がより顕著になることが示唆されます。すなわち、両輸送モードとも片荷輸送が拡大し、全体としての輸送効率はかえって低下する可能性もあります。

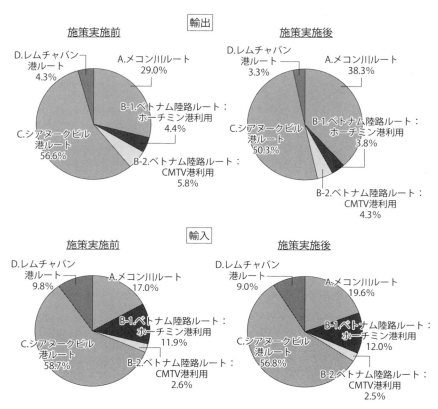

図 10.17　輸送時間短縮および船舶大型化施策の実施前後におけるカンボジア発着海上コンテナの輸送ルートシェアの変化　(出所：筆者推計[3])

10-3　GMS 南部回廊 西部：バンコクのゲートウェイ港湾をめざすダウェー

　本章の最後に、バンコクとミャンマーのダウェーを結ぶ、GMS 南部回廊の西側区間についても現状を紹介します。ダウェーは、バンコクから真西に約 320km の距離、マレー半島の根元を横断した場所にあります。ここからさらに 30km ほど北西のインド洋（アンダマン海）に面した地点に、ダウェー深水港が計画されています。この港は、バンコクの欧州・インド方面の外港として位置づけられ、バンコクの既存の外港であるレムチャバン港から、マレー半

図 10.18　ダウェー経済特区（左）および仮設港湾（右）
（出所：2016 年 9 月筆者撮影）

図 10.19　GMS 南部回廊ミャンマー区間の現況（左：橋梁、右：勾配区間）
（出所：2016 年 9 月筆者撮影）

　島を回り込むように航行する必要のある海上輸送ルートを、およそ 1,500km 以上も短縮できるメリットがあることから注目されています（図 10.1 参照）。

　ミャンマー政府との交渉により、タイ資本の企業（イタルタイ）が、2008 年頃から港湾や背後の SEZ への投資・建設計画を開始し、一部着工もなされているものの、SEZ は第 1 期の最初の区画（フェーズ A）が暫定的にオープンし何件かの工場立地計画が進行している段階で、また港湾も内湾に仮設の桟橋が建設されるにとどまっています（図 10.18）。さらに、バンコク〜ダウェー間の道路も、タイ側（約 200km）は既存の高規格道路と国境へのアクセス道路が整備され通行に支障はないものの、ミャンマー側（約 150km）は現状では工事用の仮設道路しかなく、ほぼ全区間が未舗装であり、橋梁や勾配についてもトレーラーや一般車両が通行可能な状況ではありません（図 10.19）。

開発計画を主導するイタルタイは、計画が非常に大規模であることから、ミャンマー・タイ両政府や、あるいは日本政府を含む第3国や国際機関による支援も求めています。しかしながら、開発の裨益の多くをタイの荷主が受けると想定されることから、ミャンマー政府内の本プロジェクトに対する優先度があまり高くないなど政府間で温度差もあり、開発ポテンシャルは大きいとはいえ、本格的な計画の進展にはなお一定の時間を要するものと予想されます。

　また、海上輸送航路についても、ダウェー港は地理的には東アジアと欧州を結ぶ基幹航路上から外れているため、欧州航路本船を寄港させるためには相当量の貨物を集荷する必要があります。このため、当面はインド洋対岸のインド東部との間を結ぶ航路や、もしくは欧州航路の本船を誘致するのであれば、現在バングラデシュで計画されている大水深港湾などとセットで、ベンガル湾内への本船就航の誘致を進める必要があると思われます。

【参考文献】

1) Savan Park　http://www.savanpark.com/

2) タイ国立銀行（Home＞Statistics＞Regional Economic and Financial）
https://www.bot.or.th/English/Statistics/RegionalEconFinance/Pages/ForeignTrade_NE.aspx

3) Shibasaki, R., Shimada, T., Suzuki, M., Intermodal Route Choice of International Containers in Southern Mekong Region and Policy Simulation Using the Large-Scale Intermodal Network Assignment Model, in: K. Kobayashi, K. A. Rashid, M. Furuichi,W.P.Anderson eds., Economic Integration and Regional Development: The ASEAN Economic Community（Routledge Studies in the Modern World Economy）, Routledge, Chapter 12, pp.162-176, 2017.8

4) JICA「カンボジア国プノンペン新港経済特別区・関連施設建設事業準備調査（PPPインフラ事業）最終報告書」、2013年9月

5) Shibasaki, R., Iijima, T., Kawakami, T., Kadono, T., Shishido, T., Network assignment model of integrating maritime and hinterland container shipping: application to Central America, Maritime Economics & Logistics, 19（2）, pp.234-273, 2017

第 11 章

南アジア：成長の鍵を握る物流

　本章では、南アジア地域のなかでもとくに人口が多く、潜在成長力の高いインドとバングラデシュに注目し、物流インフラの現状と今後の展望を整理します。なお、同様に人口の多いパキスタンについては、すでに第 9 章で中央アジア諸国のゲートウェイ港湾という位置づけで触れたので、本章では扱いません。

　インド、バングラデシュともに多くの人口を抱え、英語圏でかつ IT（情報技術）などの技術力も高く、今後の経済成長が期待される地域であることは周知の通りですが、現状においてなかなか飛躍できていないこともまた事実です。その大きな要因として、インドについては内陸主要都市から港湾までの陸送距離が長く他国に比べて国際輸送コストがかさむこと、またバングラデシュは河川が多いなど地形的要因により陸上・港湾インフラの整備が遅れているといったように、物流上のハンディキャップを抱えている点があげられます。本章では、そのような立場から、以下で実態をみていきます。

11-1　インド：巨大内陸都市から港湾へのアクセスをどう確保するか？

　インドは地形的および歴史的な要因により、首都のデリーをはじめバンガロールやハイデラバードなど、広大なインド亜大陸の内陸部にも大都市が立地しており（表 11.1 および図 11.1）、こういった都市では港湾まで（または港湾から）のアクセスの良し悪しが、国際物流コストに直接影響します。また、内陸各都市には港湾との間の鉄道輸送の拠点となる ICD が立地しており、ICD と港湾の間は鉄道により保税輸送を行うことが一般的ですが、鉄道貨物輸送のキャパシティが足りない場合などには、トレーラーによる長距離輸送も補完的に行われています。国際海上コンテナの鉄道輸送は、2006 年にインド国鉄子会社から民営化されたインドコンテナ会社（CONCOR）が中心的に担っています。インド全土において、コンテナ定期列車の標準編成長は 40フィートコンテナ用貨車 45 両（90TEU）となっています。

表 11.1　インドの都市圏人口上位 10 都市（2011 年）と内陸都市＊（灰色）

順位	都市名	州	都市圏人口（万人）
1	ムンバイ	マハーラーシュトラ	1,841
2	デリー	デリー	1,632
3	コルカタ	西ベンガル	1,411
4	チェンナイ	タミル・ナードゥ	870
5	バンガロール	カルナータカ	850
6	ハイデラバード	アーンドラ・プラデーシュ	775
7	アフマダーバード	グジャラート	635
8	プネー	マハーラーシュトラ	505
9	スーラト	グジャラート	459
10	ジャイプル	ラジャスターン	305

＊海岸線からおおむね 300km 以上に位置する都市
（出所：Indian Census 2011[1]）

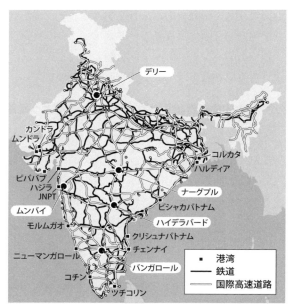

図 11.1　インドの主要都市および港湾、陸上インフラ網
（出所：筆者作成）

以下では、デリー、ハイデラバード、バンガロールのインド3大内陸都市からの港湾アクセスについて、現状や課題、新たな競合ルートなどを整理します。

(1) デリー：西海岸諸港（JNPT、ムンドラ、ピパバブ）間の競争と貨物専用鉄道計画

　インドの首都デリー（ニューデリー）は、もっとも近い海岸線でも直線距離で約1,000km離れています。デリー都市圏を発着するコンテナ貨物の多くは、約1,450km離れたインド西海岸の港湾都市ムンバイ郊外に位置する、JNPT（ジャワハルラル・ネルー港トラスト）の各ターミナルを利用しています。その多くは、デリー市内（トグラカバード）およびその近郊（ダドリー（図11.2）、ロニ、バラブガー等）のICDから鉄道で輸送されます。この区間は電化されており、旅客列車優先のダイヤのなか、貨物列車はおよそ2日間で走行します。しかしながら、とくに以下でみるように港湾ターミナルで混雑等に起因した滞留があることから、トータル（デリーの荷主からJNPTでの本船積みまで、またはその逆）の輸送日数は2週間ほどかかることもあります。

　JNPTのコンテナ年間取扱量は、過去10年近く400万TEU前後で推移してきました（図11.3）。これは、あとでみるように、需要が頭打ちになったと

図11.2　デリー郊外ダドリーICD周辺の状況
（出所：2015年7月筆者撮影）

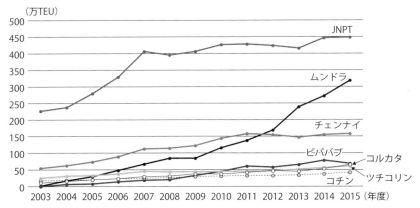

図 11.3　インド主要コンテナ港湾の取扱量推移
(出所：インド港湾協会ウェブサイト[2]等より筆者作成)

いうよりは、キャパシティ（取扱能力）の制約が大きいと考えられ、恒常的に混雑している港湾として知られています。JNPT 資料[3]によれば、例年、取扱量の 20％前後が北部・西部を中心としたインド各地の ICD から鉄道輸送される貨物となっています[注1]。JNPT 主要 3 ターミナルのひとつである JNP コンテナターミナル（JNPCT）では、2013 年度コンテナ取扱量 131 万 TEU のうち 17.1％に相当する 22.4 万 TEU が ICD 発着貨物で、そのうち 5 割弱（10 万 TEU 超）をデリー市内／近郊 ICD 発着貨物が占めています（表 11.2）。これより、JNPCT 以外のコンテナターミナルで扱われる貨物も含めたデリー市内／近郊 ICD 発着貨物は、およそ年間 30 万 TEU 前後と推察されます。

　なお、JNPT の各ターミナルの混雑が激しいことから、鉄道で上記各 ICD へ直接輸送されるコンテナ以外は、ムンバイ市内を発着地とするものも含め、ターミナル外のムンバイ市一円に設置された、全部で 30～40 のコンテナ・フレート・ステーション（CFS）へ船会社の責任でトレーラーによりいったん配送され、荷主からの引き取り・受け渡しは、原則としてターミナルでなく CFS で行うこととされています。それでも、JNPT 各ターミナルは、地形の制約上、後で述べるようにアクセス道路を共有していることもあり、ゲート入

（注1）　たとえば、2013 年度は 416 万 TEU のうち 18.9％の 78.6 万 TEU が ICD 発着貨物、うち 41.4 万 TEU が輸入です。

表 11.2　JNPCT 取扱 ICD 発着貨物（鉄道輸送貨物）の内訳（2013 年度）

順位	ICD 名	州	取扱量（TEU）輸出	取扱量（TEU）輸入	取扱量（TEU）計	シェア
1	ニューデリー（トグラカバード）	デリー連邦直轄市	17,928	42,724	60,652	27.1%
2	ナーグプル	マハラシュトラ	11,519	7,930	19,449	8.7%
3	ダドリー	UP*	7,386	9,313	16,699	7.5%
4	ハイデラバード	テランガーナ	8,251	6,289	14,540	6.5%
5	ルディヤーナー	パンジャブ	5,454	6,782	12,236	5.5%
6	コディヤー	グジャラート	3,788	7,152	10,940	4.9%
7	ロニ	UP	4,107	6,006	10,113	4.5%
8	カーンプル	UP	5,624	3,793	9,417	4.2%
9	バラブガー	ハリヤナ	4,226	3,589	7,815	3.5%
10	モラーダーバード	UP	6,433	1,136	7,569	3.4%
11	ガーヒ・ハーサルー	ハリヤナ	4,016	3,355	7,371	3.3%
	その他		25,083	21,905	46,988	20.9%
	計		103,815	119,974	223,789	100%

*UP：ウッタル・プラデーシュ州
JNPT のすべてのターミナルの合計値ではないことに注意
網掛けはデリー市内および近郊 ICD
（出所：JNPT 資料[3] より筆者作成）

図 11.4　JNPT ターミナルゲート（左）および入場待ちのトレーラー車列（右）
（出所：2015 年 7 月筆者撮影）

場待ちの長大なトレーラー車列がみられます（図 11.4）。

　このような混雑は、平均輸送時間の増加だけでなく、突発的な事象へ機敏に対応できず、極端な遅延を招くなどして輸送の信頼性の低下に繋がります。このため、定時性を含めたサービスの質を重視する荷主を中心に、デリーからの

距離がより近い、新興のムンドラ港やピパバブ港へ貨物をシフトする動きがみられます。

　両港は、民間企業（前者はインド資本のアダニ・ポーツ、後者はメガオペレータのひとつである AP モラー）が港湾の建設から行った港湾で、サービスレベルがよく、とくにムンドラ港は近年急激に取扱量を伸ばしています（図11.3 参照）。両港ともデリーから約 1,250km の距離にあり、非電化区間では 2 段積み輸送（ダブルスタック・トレイン：詳細は第 12 章参照）も行われていますが、デリー〜ムンバイ間の本線よりは頻度が少なく、また支線への分岐点で貨車の付け替え等も発生することから、所要日数はデリー〜ムンバイ間よりも長く、3〜4 日程度かかるとのことです。他方で、筆者らの現地インタビューでは、現状では両港が JNPT のように激しく混雑していないために質の高いサービスを提供できるとして、以下でみるように JNPT の容量が拡大されてからが本当の競争になるとの意見もありました。

　顧客を奪われる側の JNPT でも、抜本的な混雑対策として容量の増加が図られています。まず、既存ターミナルのひとつであるナーバシェバ国際コンテナターミナル（NSICT）において、岸壁が 1 バース分延長され、結果として、図 11.3 に示すように、JNPT の取扱量は、2014 年度以降、450 万 TEU 程度に若干増加しました。さらに、第 4 ターミナル（フェーズ 1・2 ともにそれぞれ岸壁延長 1,000m、取扱能力 240 万 TEU）の建設が計画され、フェーズ 1 については PSA とのコンセッション契約が成立し、バーラト・ムンバイ・コンテナターミナル（BMCT）として 2018 年 2 月に開業しました。フェーズ 1 の取扱量が 100 万 TEU に到達した時点でフェーズ 2 の建設にも着手する計画で、2022 年頃の開業を目標としています。

　ただし、これらのターミナルは、図 11.5 に示すとおり、上述の第 4 ターミナルを含めて半島先端に一直線に並んでおり、アクセス道路・鉄道は共有です。すなわち、新ターミナルの整備によりターミナル容量の拡大が進んだとしても、アクセス路や後背ヤードの容量拡大が進まなければ、それらがボトルネックとなってさらに激しい港湾混雑を引き起こす可能性も考えられます。このため、さらに長期的には、ムンバイ周辺のまったく別の地点に新しいコンテナターミナルを建設する計画もあり、約 110km 北のダハヌ市に大水深ターミ

図 11.5　JNPT コンテナターミナル模型（岸壁線最奥が NSICT の新規延長されたターミナル（NSIGT とよばれる）、手前が第 4 ターミナル）

（出所：2015 年 7 月筆者撮影）

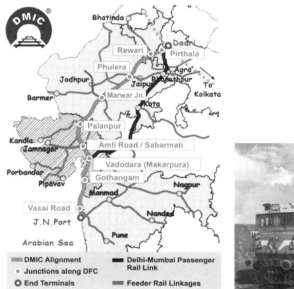

図 11.6　DFC および DMIC 位置図（左）およびダブルスタック・トレインの走行が予定されている区間を走行する電気機関車（右）

（出所：DMICDC および DFCCIL[7]）

ナルを建設する計画が有力とされています。

　また、デリー〜ムンバイ間の鉄道輸送についても、抜本的な改善策として、貨物専用鉄道（DFC）西回廊の建設が進められています。これは、同区間にダブルスタック・トレインの導入を前提とした複線電化の貨物専用線を整備し（図 11.6）、編成長も従来の倍とすることで 1 編成あたりの容量をこれまでの 4 倍に増やすとともに、貨物専用化による頻度の増加や所要時間の短縮を通じて輸送容量を飛躍的に増加させるという大規模プロジェクトです。日本政府が 2005 年より支援を行っており、土木・電化・信号工事や車両調達のために、2016 年末までに、円借款により 3,343 億円が供与されています[6]。土地収用の遅れや事業環境の相違などもあり予定より整備が遅れていましたが、土木工事および電化・信号工事については、2016 年までに、双日や三井物産など日系企業を幹事社とした企業連合などに対して全区間で契約が締結され、2018 年 1 月時点の土木工事の進捗率は 7.4〜66.4％[7]となっており、2020 年 12 月の完成をめざして整備が進められています。なお、日本政府は、DFC 建設区間に沿って沿線地域に工業団地や物流基地を整備し、一大産業地域の形成をめざすデリー・ムンバイ間産業大動脈構想（DMIC）も支援するなど、このエリアが有する将来的な成長ポテンシャルを高く評価しています。

　以上のような改善策を念頭に、第 10 章でも紹介した筆者らが構築したインターモーダル国際物流モデルを南アジア地域に適用して、JNPT 背後の港湾アクセス道路の改善（容量増加）や、DFC 開通によるデリー〜ムンバイ間鉄道の輸送条件（容量、速度、費用）改善のインパクト（インド全体の貨物輸送需要や各港に寄港する海上輸送サービスネットワークを一定として、施策実施により各コンテナの利用港湾がどのように変化するか）を試算しました[8]。その結果を図 11.7 に示します。なお、当該モデルは実入りコンテナのみを扱っており、またモデルの前提条件となるインド全体の貨物輸送需要量の精度にも課題があるため、絶対量にあまり大きな意味はありませんが、これらの改善施策の実施により JNPT のコンテナ取扱量はおおむね全体の 5〜10％程度増加し、そのぶんムンドラ港やピパバブ港の取扱量が減少している（内陸地で発着する一部貨物は、コルカタやチェンナイなど、遠方の港湾からもシフトしている）ことがわかります。とくに DFC の開通は、本線の一部区間を共有するムンド

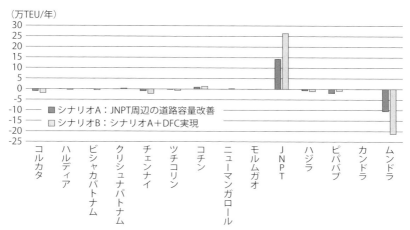

図 11.7 インターモーダル国際物流モデルを用いた JNPT 港湾アクセス改善および DFC 建設による インド各港コンテナ取扱量（実入り）変化の推計結果
（出所：筆者推計[8]）

ラやピパバブなど近隣新興港の輸送条件も併せて改善するにもかかわらず、その裨益（貨物量の増加）は JNPT に集中しています。このことから、背後輸送の容量制約が解消された場合に、海上輸送サービスのレベルが高い JNPT のポテンシャルがより発揮される結果となっているものと考えられます。なお、本モデルでは港湾ターミナル容量の改善による海上輸送サービスネットワークの変化は考慮していないことから、現在進められている JNPT コンテナターミナルの拡張が実現すれば、JNPT の競争力が（図 11.7 に示した推計結果以上に）より高まる可能性もあるといえます。

（2）ハイデラバード：東海岸新興港利用の可能性は？

インド亜大陸中南部に位置する内陸都市ハイデラバードは、約 500 年前に当地を治めていた王国が新首都として建設して以来、現代でもアーンドラ・プラデーシュ（AP）州の州都として、長らく地域の中心都市として栄えてきました。2014 年に AP 州が東海岸沿いの新 AP 州と内陸のテランガーナ州に分割されると、テランガーナ州内の都市となったハイデラバードは引き続きテランガーナ州の州都になりましたが、一方で、新 AP 州は、州の中央に位置する

図11.8 新AP州とハイデラバード
(出所:各種地図より筆者作成)

アマラバティに新州都を建設する計画となっていて(新州都建設まではハイデラバードが引き続き新AP州の州都も兼ねる)、その外港として、マチリパトナム港の開発も計画されています(図11.8)。

現状においては、ハイデラバード都市圏を発着する国際海上コンテナ貨物(輸出入合計で年間4～5万TEU程度)の多くは、約750km離れたJNPTの各ターミナルを輸出入のゲートウェイ港湾として利用しています。また、その多くは市内のICD(図11.9)との間を日1便程度、所要2日程度で運行する鉄道によって輸送されていますが、ハイデラバードの主力生産品のひとつである医薬品については、温度管理が可能なリーファーコンテナ(冷凍/冷蔵コンテナ)で輸送する必要があるため、トラックによって輸送されています[注2]。ハイデラバードからは、現在東海岸で利用可能なコンテナ港湾(北からビシャカパトナム、クリシュナパトナム、チェンナイ)へもそれぞれ約700～

図 11.9　ハイデラバード ICD
(出所：2015 年 12 月筆者撮影)

800km の道のりであり、JNPT とほぼ等距離にあるものの、現状ではほとんど利用されていません。その理由として、①デリー港発着貨物の多くが JNPT を利用しているのと同様に、JNPT のほうが規模が大きく海上輸送サービスも多様で便利である、②ハイデラバード発着貨物は現状では輸出品(医薬品、電気部品、ガラス等)が多く、その多くがアフリカ・中東・欧州などの西方向け貨物であり、輸入貨物は中国などからも来ているものの量が少なく、地理的にも西海岸港湾のほうが有利である、③以上から東海岸利用の貨物が少ないため鉄道輸送サービスが成り立たず(試行的に貨物列車を走らせたこともあったが貨物が十分集まらず定期運行を維持できなかったとのこと)、トラック利用となるためにコストが割高になってますます不利になる、といったことがあげられます。一方で、東海岸諸港ルートでも港湾、道路、鉄道などのインフラ整備は進んでおり、逆に JNPT は、前述のとおり、鉄道にせよトラックでアクセスするにせよ、港湾およびその周辺が大変に混雑しているため、JNPT の混雑問題がより悪化すれば、クリシュナパトナムなど東海岸の新興港を利用する[注3]メリットが高まる可能性もありそうです。

また、前述の AP 州新州都に近いマチリパトナム港が開港すれば、ハイデラバードから約 450km ともっとも近くなり、ハイデラバード発着貨物の利用の可能性もありそうです。開発計画は、フェーズ 1 が全 15 バース(うちコンテ

(注 2) 筆者の現地調査(2015 年 12 月)によれば、現状でも鉄道でリーファーコンテナを輸送することは物理的には可能であるものの、1 編成にまとまった量(10 本前後)のリーファーコンテナが含まれないと採算が取れないという理由で取り扱われていないとのことです。

(注 3) あとでみるように、東海岸の港湾のなかでも、チェンナイ港は同様の混雑問題を抱えています。

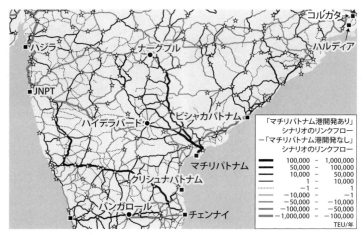

図 11.10　マチリパトナム港開業による国際海上コンテナの陸上フローの変化予測
(出所：筆者推計)

ナ5バース、喫水 13m）となっていて、そのうちコンテナ2バースを含む6バースが第1段階として整備されています。ここでも、前述のインターモーダル国際物流モデルを用いて、将来時点（2030年）のマチリパトナム港の有無による、国際海上コンテナの陸上フローの変化を推計してみました。その結果を図 11.10（カラー図は口絵参照）に示します。ハイデラバード発着の貨物だけでなく、北に位置するナーグプル（表 11.2 に示した ICD 別 JNPCT 発着貨物量では、デリーに次ぐ二番目の取扱量となっています）からの貨物についても、その一部がマチリパトナム港にシフトする可能性が示されています。

(3) バンガロール：チェンナイ港 vs 新興港

　バンガロール発着貨物の多くは、現状では約 300km 離れた東海岸のチェンナイ港（タミル・ナードゥ州）で取り扱われています（図 11.11）。バンガロールと同じカルナータカ州に属するニュー・マンガロール港もインド西岸へほぼ同距離の場所にあるものの、この区間には西ガーツ山脈があり、利用しづらい状況となっています。バンガロールの貨物を自州で扱いたいカルナータカ州の意向もあり、山岳部区間のマンガロール～ハッサン間の道路改良プロジェクト

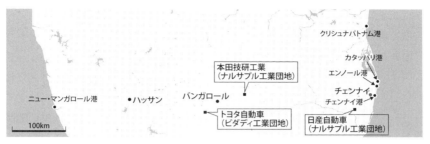

図 11.11　バンガロールと周辺港湾
(出所：筆者作成)

図 11.12　チェンナイ港ゲート（左）と入港のための待ち行列（右）
(出所：日本工営株式会社)

が計画されています。

　チェンナイ港は、最大水深 16.5m の 24 バースを有し、インド東岸のコンテナ、自動車、プロジェクトカーゴのゲートウェイ港となっています。港湾地区の面積はインド主要港で二番目に小さい一方で、コンテナ取扱量は約 155 万 TEU（2016 年）でインド港湾で三番目に多く、東海岸では最大です。このような状況下で、JNPT と同様にチェンナイ港でも需要が供給を大幅に上回り、ゲート前には入港待ち行列が続いています（図 11.12）。図 11.3 に示すとおり、チェンナイ港のコンテナ取扱量は 2011 年以降あまり伸びておらず、JNPT と同様、港湾容量がほぼ限界に達しているものと考えられます。またその背後に拡張の余地がほとんどないことから、チェンナイ近辺のインド東岸各地で代替港の開発が進んでいます。

　たとえばチェンナイ港から約 24km 北に位置するエンノール港では、従来は火力発電所用の石炭を取り扱っていましたが、現在ではドライバルク、液体、自動車、さらにはコンテナとさまざまな貨物を取り扱っています。敷地面

積はチェンナイ港の約 2.5 倍あり、今後の発展が期待されています。エンノール港で現在計画中の取扱能力 140 万 TEU のコンテナターミナルは、ムンドラ港と同じアダニ・グループが運営する予定になっています。

　図 11.11 に示すように、バンガロールおよびチェンナイ近郊は、トヨタ自動車、日産自動車、本田技研工業（二輪）などの日系メーカーや、さらにはダイムラー、現代などの海外自動車メーカーが立地する自動車産業の一大集積地域となっており、多くの完成自動車が生産、輸出されています（図 11.13 左）。完成自動車の輸出にはおもにエンノール港が利用されています。また、自動車の生産には多くの部品を必要とすることから、数多くの自動車部品メーカーも同地域に集積しています。このため、おもにコンテナで輸入される自動車部品関連貨物についても、混雑が激しいチェンナイ市内を通過せずにチェンナイおよびバンガロール近郊の工業団地へ直接アクセスできるエンノール港に貨物を呼びこもうとしています。

　さらにエンノール港から北に 10km には、カタッパリ港が位置しています。同港では、2013 年 1 月にカタッパリ国際コンテナターミナル（KICT）が供用開始され、現在のコンテナ取扱能力は 120 万 TEU となっています（図 11.13 右）。KICT によると、現時点では 1 カ月に 16,000TEU 程度を取り扱っており、チェンナイ港の混雑悪化とともに、KICT の取扱貨物量が増加しているということです。カタッパリ港も距離的にはチェンナイ港からそれほど離れておらず、チェンナイやバンガロール近郊の貨物を取り込める可能性のある港湾です。

　さらに北に進み AP 州に入ると、クリシュナパトナム港があります。同港はチェンナイ港の北 180km に位置しており、エンノール港、カタッパリ港と比

図 11.13　チェンナイの日産自動車工場（左）とカタッパリ港（右）
（出所：（左）日産自動車、（右）アダニ・グループ）

較すると距離的優位性は低いものの、現時点で多目的バースが 10 バース（総延長 2,950m、水深 18.5m）あって 210 万 TEU の取扱能力があり、他のチェンナイ周辺港と比較して港湾容量が大きいのが特徴です。同港の取扱貨物量は、過去 6 年間にわたり年平均 20％のペースで増加しています。また鉄道輸送サービスが充実しており、クリシュナパトナム鉄道会社が所有する延長 19km の引き込み線が、チェンナイ〜コルカタ間幹線鉄道と結ばれています。2015 年には、同港の取扱貨物量 4,074 万トンの約半分にあたる 2,200 万トンの貨物が、鉄道で輸送されています。また、同港もバンガロール、チェンナイ近郊の工業団地発着貨物の取り込みのため、鉄道会社や道路を整備する地方政府と連携したインフラ整備計画を進めており、これらの計画が実現すると、バンガロール、チェンナイ発着貨物の流れが変わることになるかもしれません。

　以上のように、バンガロール、チェンナイ近郊には自動車産業が集積しており、それらの貨物をチェンナイ港と新興港（エンノール港、カタッパリ港、クリシュナパトナム港）が奪いあう状況となっています。チェンナイ港はすでに容量を超えている状態であり、後背地にも拡張の余地がほとんどないことから、今後は新興港間での貨物獲得競争も強まるものと考えられます。新興港は、道路・鉄道など背後輸送ネットワークの整備により内陸部との陸上アクセスを円滑化することで優位性を獲得し、貨物を取り込むことを企図しています。また、先に述べたように、バンガロール発着貨物にとっては、将来的にはインド西岸のニュー・マンガロール港が利用可能となることも考えられます。バンガロール〜ニュー・マンガロール港間のアクセスがトンネル建設などにより改良されれば、中東・アフリカ・欧州といった西方面の貨物を中心に、バンガロール発着貨物の同港での取り扱いが増加することも考えられます。

11-2　バングラデシュ：道路、鉄道、内航水運

　バングラデシュは、ガンジス川河口域に位置する人口約 1.6 億人の国家で、首都ダッカとその近郊に全人口の約 1 割が居住し、バングラデシュ発着国際海上コンテナ貨物の多くも、ダッカとその周辺が発着地となっています。海岸線の多くが河口域（三角州）であるため大水深港の建設が難しく、現在はダッカの南東約 270km に位置するチッタゴン港（コンテナバースの最大水深

図 11.14　バングラデシュ主要港湾および首都と主要輸送ルート
(出所：筆者作成[8])

10m）が、国際海上コンテナを取り扱うほぼ唯一の国際港湾となっています（2014年度の取扱量186.7万TEU）。

　このダッカ～チッタゴン間の貨物輸送モードは、道路、鉄道、内航水運の3つの選択肢があります（図11.14）。一般に、米国などインターモーダル輸送が発達した地域でも、固定費用が相対的に高い鉄道輸送がトラック輸送よりもコスト面で優位となるのは500km前後とされており、ダッカ～チッタゴン間の距離であれば通常はトラックで運ばれますが、特定の区間でまとまった輸送需要があることや地形的要因などのため、一部貨物は市内のICDとの間を鉄道輸送されています（2014年度ICD実績：66,677TEU）。ただし近年は、輸送サービスの質が低いことや、トラックの運賃が低下し競争力が低下していることなどから、鉄道利用貨物は6万TEU前後で横ばいとなっており、全輸送量に占めるシェアは年々低下しています。なお、ICDの運営は、チッタゴン港と同じチッタゴン港務局（CPA）によって行われています。

　また、河川が多いという地形を活かし、ダッカ南方のブリゴンガ川西岸に2013年に開港したパンガオンICT（インランドコンテナターミナル、図

図 11.15　ダッカ近接の河川フィーダー港・パンガオン ICT
(出所：2017 年 7 月筆者撮影)

11.15）とチッタゴン港との間で、バージによるフィーダーサービスが行われています。パンガオン ICT も CPA によって運営されています。開業当初の輸送実績は年間 1,000～2,000TEU 程度でした[10],[11]が、筆者らのインタビュー調査によれば、現在は 180TEU 前後の容量を持つバージが週 2 便程度運航されており、港湾料金の引き下げやバージ運賃の低下もあって、2016 年度は 5,000TEU、2017 年度は 2 万 TEU の取り扱いを見込んでいるとのことでした。

　バングラデシュでは、最近の経済成長や、それに伴うコンテナ貨物取扱量などの急激な増加を受け、今後、チッタゴン港の大幅な拡張計画だけでなく、ガンジス川本流（パドマ川）の河口付近（パイラ地区）や、チッタゴンの南方（マタバリ地区）などで新たな国際港湾の建設計画も立てられています。これを受け、背後輸送貨物の増加も予想されるなか、道路ネットワークについては、パドマ架橋などネットワーク上重要な地点では橋梁建設工事も行われているものの、多くの河川に阻まれるという地形的要因により、短期間で劇的に向上させることは難しい面もあります。このため、将来的にはこれらの港湾とダッカおよび周辺地域、あるいは地方部も含めたバングラデシュ全土との輸送において、鉄道やバージをより活用することが必要になってくるでしょう。たとえば、ダッカ周辺ではパンガオン ICT 以外にも民間資本による河川フィーダー港の建設が、すでに複数計画されています。またこのようにして複数機関による背後輸送ネットワークが充実すれば、セブンシスターズとよばれる隣国のインド北東 7 州などへ背後圏を拡大していくことも期待されます。

【参考文献】

1) Indian Census 2011, City Census　http://www.census2011.co.in/city.php

2) インド港湾協会　http://www.ipa.nic.in/

3) Jawaharlal Nehru Port Trust, Cerebrating 25 years: 25 years of Trust that comes with pride（Silver Jubilee Special 2014）

4) 柴崎隆一「ゲートウェイ競争が激化するインドの新旧港湾」、『港湾』、2016年10月号、日本港湾協会、2016年、36-37頁

5) 馬場勇一「アジア諸国の輸送インフラの現状と展望：インド」、黒田勝彦・家田　仁・山根隆行編著『変貌するアジアの交通・物流～シームレスアジアをめざして～』技報堂出版、2010年、104-108頁

6) 経済産業省『平成28年度質の高いインフラシステム海外展開促進事業・海外進出拠点整備事業　インドにおける鉄道事業調査報告書』2017年3月　http://www.meti.go.jp/meti_lib/report/H28FY/000036.pdf

7) インド貨物専用鉄道会社（DFCCIL）　http://dfccil.gov.in/dfccil_app/home.jsp

8) 柴崎隆一・川崎智也「南アジア地域を対象としたインターモーダル国際物流モデルの構築と政策分析」、『国土技術政策総合研究所研究報告』、第58号、国土交通省　国土技術政策総合研究所、2016年

9) チッタゴン港務局　http://www.cpa.gov.bd/

10) 国際協力機構（JICA）「南アジア地域クロスボーダー協力（海運）情報収集・確認調査最終報告書（2016年）」　http://open_jicareport.jica.go.jp/pdf/12251971_01.pdf

11) 日本舶用工業会・日本船舶技術研究協会「ベンガル湾沿岸域・河川域における水運・造船事情調査（2016年）」　http://www.jstra.jp/html/PDF/Singapore_8.pdf

第 12 章

北米大陸：大陸横断鉄道のさきがけ

　米国を中心とする北米大陸では、19世紀後半から20世紀前半にかけて全土にくまなく張りめぐらされた鉄道網を利用して海上と陸上（鉄道）を一貫して輸送する、いわゆる複合一貫輸送（インターモーダル輸送）が発達しました。とくに、わが国をはじめとする東・東南アジア諸国から輸出され、ニューヨークやシカゴなどの大消費地を有する北米大陸東部・中部へと運ばれる貨物に着目した場合、その輸送経路としては、

　①太平洋からパナマ運河を経由して北米東岸まで船舶で海上輸送するルート
　②ロサンゼルス港やシアトル港などの北米西岸諸港で陸揚げして、鉄道で大陸横断（複合一貫輸送）するルート
　③インド洋・スエズ運河・大西洋経由で北米東岸に至る海上輸送ルート

の3ルートが考えられます（図12.1）。このうち①と③のパナマ・スエズ各運河を経由する海上輸送ルートについては、とくに両ルートがほぼ等距離[注1]の

図12.1　東アジア〜米国東岸間の主要な貨物輸送ルート
(出所：筆者作成)

（注1）シンガポール（東経104度）とニューヨーク（西経74度）は、経度としては、ほぼ地球の真反対に位置しています。

東南アジア発着貨物を中心に競合しており、パナマ運河拡張前は、パナマ運河の航行可能船舶サイズや容量の制約のためスエズ運河経由が優勢であったものが、パナマ運河拡張後にパナマ運河経由のシェアが盛り返しつつあることは、第4章で紹介しました。本章では、①と②の競合、すなわちパナマ運河経由ルートと大陸横断ルート（複合一貫輸送ルート）の競合の観点から、鉄道による北米大陸の横断輸送を概観します。

12-1　インターモーダル輸送ネットワークとダブルスタック・トレイン

　米国の主要鉄道ルート上の、複合一貫輸送貨物の輸送量を図12.2に示します。シカゴを中心として、北米西岸のロサンゼルス（LA）／ロングビーチ（LB）港やシアトル／タコマ港、東岸のニューヨーク（NY）／ニュージャージー（NJ）港を連絡するルートの輸送量が多く、その他の地域もくまなく輸送されていることがわかります。総路線運航距離が2〜3万マイルである米国4大鉄道会社のうち、BNSFとユニオン・パシフィック（UP）はおもにシカゴ〜ミシシッピ川以西で、またCSXTとノーフォーク・サザン（NS）はそれ以東で鉄道輸送ネットワークを形成しています（図12.3）。さらにカナダを中心にネットワークを展開する2社（カナディアン・ナショナル（CN）、カナディアン・パシフィック（CPRS））を含め、いずれの鉄道会社についても、インターモーダル比率（総運賃収益に占めるコンテナ・トレーラーの運賃収入の割合）は約15〜30％となっています[2]。

　アジア方面からインターモーダル輸送を利用する場合、ゲートウェイとなる北米西岸の港湾は、LA/LB港、サンフランシスコ近郊のオークランド港、シアトル／タコマ港、カナダのバンクーバー港、およびさらに北に位置する新興のプリンス・ルパート港などがあげられます。このうちLA/LB港はそれぞれ管理者が異なり、各種統計でも異なる港湾として扱われていますが、実際には互いに隣接しており、背後の鉄道は共有されています。また、シアトル港とタコマ港も同様に互いにかなり近接しており、こちらは2015年に管理運営が統一され、北西港湾連合（the Northwest Seaport Alliance）として統計などでも同一の港湾として扱われるようになりました。

　東アジアからの海上輸送航路は、北米西岸諸港への航海日数についてみる

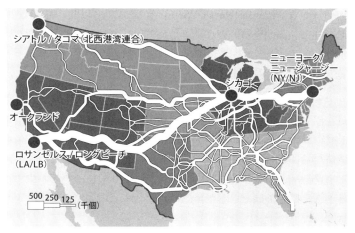

図 12.2 米国のインターモーダル輸送ネットワークと路線別輸送量
（出所：U.S. Department of Transportation に加筆）

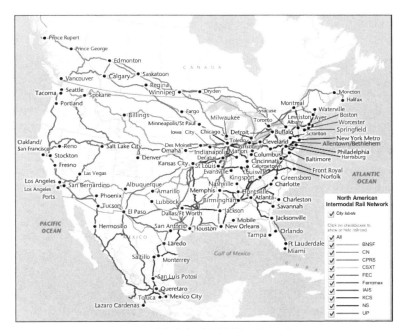

図 12.3 北米大陸の主要鉄道ネットワーク
（出所：Intermodal Association of North America）

と、北方のPNW（Pacific North West、オレゴン州以北）諸港が、南方のPSW（Pacific South West、カリフォルニア州）諸港よりも、距離が短いため1日程度短くなります。また、各港から米国中部の一大拠点であるシカゴまでの鉄道輸送距離は、ほぼ同距離となっています。それにもかかわらず、図12.2に示されるインターモーダル輸送量をみると、LA/LB港がもっとも多く利用されていることがわかります。この理由として、同港を経由するルートは現状の港湾取扱量や鉄道輸送量が多いため、インターモーダル輸送における規模の経済性が発揮され高頻度のサービスが提供可能であること、また同様に、荷主やフォワーダーの多種多様なリクエストに対して、それぞれについてある程度まとまった量を確保できるため、多彩なサービスの提供が可能となることなどがあげられます。

　大陸横断鉄道は、ほとんどの区間が非電化であったことを利用し、ダブルスタック・トレイン（図12.4）とよばれる2段積み輸送が一般的に行われています[3]。車両編成は最大1マイル（約1.6km）にわたり、1両あたり40フィー

図12.4　ロサンゼルス港のダブルスタック・トレイン
（出所：2003年10月および2016年1月筆者撮影）

トコンテナ5本×2段積みの車両が最大28両連結されていることから、1編成で40フィートコンテナを最大280本（560TEU）輸送できることになります。一般に、港湾地区ではここまで長大編成の列車を編成できないことから、郊外の大規模鉄道ヤードまではいくらか短い編成で走行する必要がありますが、いずれにせよ都市部を走行することになるので、北米西岸の各ゲートウェイ港湾では、輸送容量拡大や道路渋滞の緩和等を目的に、競うように高架や半地下の専用線の新設が進められてきました。

とくに有名なのがLA/LB港背後の専用線建設プロジェクト、アラメダ・コリドーです（図12.5）。この回廊は1980年代初頭に初めて計画され、総工費24億ドルをかけ2002年に完成しました。それまで複数の路線に分散していたものが三線の専用鉄道に一本化され、全長約20マイルのうち約半分の区間で地下化されるなど、全線でおよそ40本の道路との交差部がすべて立体化さ

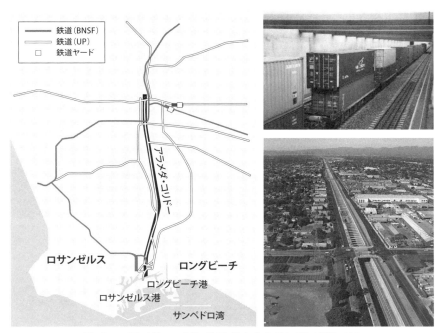

図12.5　アラメダ・コリドー地図（左）および完成後の状況（右）
（出所：Alameda Corridor Transportation Authorityおよび2003年10月筆者撮影）

れました。これにより、道路渋滞の緩和や大気汚染、騒音の減少など、都市交通問題の軽減に大きな貢献があっただけでなく、鉄道の走行時間についても場合によっては2時間半以上かかっていたものが45分程度にまで短縮し、また輸送容量も1日20～30便から100便程度まで増加することとなりました（表12.1）。

BNSFやUPにより、北米西岸諸港を起点として運行される多くのダブルスタック・トレインの終点であるシカゴにも、CSXTやNSなどそれより東側に鉄道ネットワークを展開する諸会社への積み替えや、シカゴ終点の貨物の集

表12.1 アラメダ・コリドーの整備効果

LA/LB 港から鉄道ヤードまでの輸送時間	約2時間30分から約45分に短縮
鉄道の平均速度	10～30km/h から 40～60km/h に増加
踏切待ちによる自動車の遅延	90％削減
（鉄道の）騒音・振動	90％削減
トラック台数	23％削減
列車停止回数	75％削減
機関車の走行時間	30％削減
鉄道の排気量	28％削減

（出所：Alameda Corridor Transportation Authority）

図12.6　BNSF社シカゴ・ロジスティクス・パーク
（出所：2014年7月筆者撮影）

散を目的とした大規模鉄道ヤードが多数整備されています。たとえば、BNSF
のロジスティクス・パーク・シカゴでは、国際海上コンテナだけでなく、専用
の2段積み貨車（図12.6右上）で輸送される完成自動車も取り扱っていま
す。また米国では、伝統的に船会社や鉄道会社がトレーラーのシャーシを管理
することが一般的であったため、港湾や内陸のターミナルでも、オン・シャー
シの貨物ヤード（図12.6右下）や空のシャーシ置き場（図12.6左下）が配置
されていることが特徴です。

12-2　インターモーダル輸送と海上輸送の分担

　以前実施した筆者らのインタビュー調査によれば、日本から北米東岸の
ニューヨーク州まで大陸横断鉄道経由（PSW、PNW諸港揚げ）でコンテナ貨
物を輸送する場合、パナマ運河経由（北米東岸諸港揚げ）と比べ、輸送日数は
1週間程度早い一方で、コンテナ1本あたりの運賃は500〜1,000ドル程度高
くなります（図12.7左）。このため、単価が高く運賃負担力があり、一方で在
庫費用がかさむ（輸送時間を短縮するインセンティブのある）貨物の輸送で、
インターモーダル輸送がより利用される傾向にあると予想されます。逆に、運
賃の安さを優先する貨物はパナマ運河経由の海上輸送を選択する傾向にあると
思われます。

　これを確認するため、米国税関統計データを用いて、北東・東南アジア諸国
（日本、中国、韓国、台湾およびアセアン5カ国）発米国向け貨物の、米国利
用港湾（西岸・東岸諸港）別のコンテナ貨物の単価分布を推計しました（図
12.7右）。東岸揚げ（パナマ運河経由）貨物では、単価が2万ドル以下のもの
のシェアが相対的に高く、逆に西岸揚げ（インターモーダル輸送）貨物におい
ては、内容物が6万ドル以上のもののシェアが相対的に高いことがわかりま
す。本図は2016年のパナマ運河拡張（第4章参照）より以前のものですが、
今後、パナマ運河拡張に伴うパナマ運河経由ルートのコンテナ船の大型化によ
り、当該ルートの海上輸送運賃がさらに下がるようなことがあれば、両ルート
の単価分布の違いがより明確になることも考えられるでしょう。

　次に、上の分析で使用したものと同様の米国税関統計データ（2017年）を
用いて[注2]、米国各州の利用港湾シェア（東岸諸港 vs 西岸諸港）を作成しま

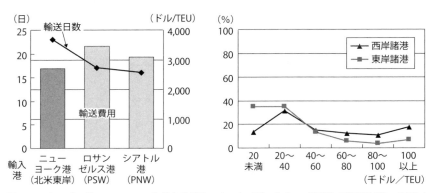

図12.7 東アジア発・ニューヨーク州向け貨物のルート（ゲートウェイ港湾）別輸送日数、1TEUあたり費用（左：起点は日本）、および単価分布（右）

(出所：柴崎[1]および山鹿・柴崎・角野[4])

した（図12.8）。シカゴを擁するイリノイ州など中西部地域では、半数以上の輸入貨物が西岸諸港で陸揚げされ、鉄道により輸送されていることがわかります。また、ニューヨーク州等の米国東部地域においても、西岸諸港揚げで鉄道により輸送される貨物が半数近くを占めていることもわかります。

　さらに、米国の各地域を代表する5州（カリフォルニア、テキサス、ミネソタ、イリノイ、ニューヨーク）について、北東・東南アジア諸国発米国向け貨物の港湾別輸送量を図12.9に示します。図より、西部のカリフォルニア州や南部のテキサス州の輸入貨物は、LA/LB港を利用するものが圧倒的に多いことがわかります。一方、中西部のミネソタ州やイリノイ州向けの輸入貨物では、LA/LB港とともに北西港湾連合（シアトル／タコマ港）も利用されています。また、ニューヨーク州向け輸入貨物についても、地元のNY/NJ港も利用されていますが、西岸諸港、とくにLA/LB港がよく利用されています。このように、イリノイ州やニューヨーク州は、PNW・PSW各港から同程度の距離にあるにもかかわらず、前節で述べたような理由から、LA/LB港を利用する貨物が圧倒的に多くなっています。一方、PNWのほうが距離的に近いミネソタ州では、イリノイ州よりPNW（北西港湾連合）のシェアが大きく、LA/

（注2）分析の対象とする発地の東・東南アジア諸国については、ベトナムを追加しています。

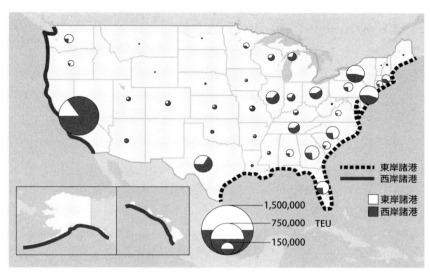

図 12.8　東アジア発米国各州向け貨物のルート（ゲートウェイ港湾）別輸送量およびシェア（2017 年）
(出所：Datamyne より筆者作成)

LB 港利用貨物を上回っています。なお、筆者らが実施した過去（2002 年データ）の同様の分析結果 [1]、[4] と比較すると、各州とも距離のもっとも近い地域の港湾（テキサス州はヒューストン、ニューヨーク州は NY/NJ 港、ミネソタ州は PNW）の利用シェアが増加しており、各港の競争力向上により、LA/LB 以外の各港が、自港からの陸上輸送距離が相対的に短い地域に対して、以前と比較してその地理的優位性を活かせるようになっていることがうかがえます。

　このことについて、以下でもう少し詳しくみていきましょう。図 12.10 に、北東・東南アジア諸国発米国東部諸州（メイン州からフロリダ州まで）向け貨物の利用港（東岸／西岸）について、2006 年から 2017 年までの貨物量とシェアの推移を示します。2007 年には、東岸諸港利用（オールウォーター）貨物が西岸諸港利用貨物を逆転し、その後もオールウォーターのシェアは増加傾向にあり、この 10 年で 10% 程度上昇しています。なお、2016 年 6 月のパナマ運河拡張以降にオールウォーターの輸送量や比率が増加しているという傾向は、今のところ観察できません。

　このようにオールウォーターへのシフトが続いている理由としては、LA/

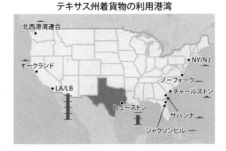

図 12.9　主要 5 州における東アジア発米国向け貨物の港湾別利用量（2017 年）
（出所：Datamyne より筆者作成）

LB をはじめとする西岸諸港の混雑やハリケーンなどの自然災害に加え、港湾ストライキの影響を回避することもあげられます。米国西海岸では、29 港の労働者が加盟する労働団体（ILWU）とコンテナ船社やターミナルオペレーターが加盟する使用者団体が、2002 年までは 3 年ごと、それ以降は 6 年ごとに、労使協約を結んできました。2002 年の協定改定時には交渉が決裂し、

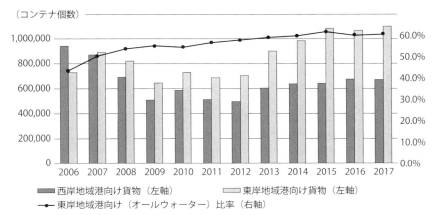

図12.10 東アジア諸国発米国東部諸州向け貨物の利用港湾と東岸諸港シェアの推移（コンテナ個数ベース）（出所：Datamyneより筆者作成）

ILWU加盟の労働者は意図的に業務のスピードを落とし、使用者側は港湾の封鎖（ロックアウト）でこれに対抗しました。最終的に、当時のブッシュ大統領がロックアウト差止めの法的措置をとることで混乱は収束しましたが、混乱の最中は船が入港できず、沖で長期間待たされるなどして貨物輸送時間に大きなロスが生じました。リードタイムが変動するリスクを避け、より安定的なサプライチェーンを構築することが、荷主たちによるオールウォーターへのシフトの動機のひとつとなりました。大きな混乱を招く労使協定の改定時に限らず、西岸諸港のストライキはときたま発生しています。

リスク回避を目的としたオールウォーターへのシフトは、2014年の労使協定の改定の際にさらに大きく生じました。11月にILWUと使用者団体の間で対立が強まり、港湾業務の遅滞などが起こりました。暫定合意に達するまでに3カ月近くを要し、荷役作業の停滞を受けて港内平均滞在時間が増加し、入港船舶数も急減しました。図12.11に、2014年1月から2015年12月までの、米国西岸の主要港（LA/LB、北西港湾連合、オークランド、ポートランド）合計の、船舶サイズが3,000TEU以上のコンテナ船の月別平均港内滞在時間と入港隻数の推移を示します。2014年11月から2015年2月までの4カ月間、平均滞在時間が激増し入港隻数が激減していることがわかります。

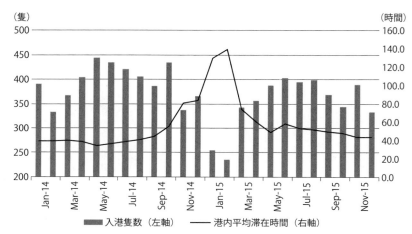

図12.11 米国西岸主要港におけるコンテナ船（船舶サイズ3,000TEU以上）の入港隻数と港内平均滞在時間の推移（出所：IHS Markit Sea-Webデータより筆者作成）

　滞在時間増や入港隻数減は輸出入貨物の減少に直結し、経済活動にもさまざまな影響を与えました。このような事態に対応すべく、荷主たちはさまざまな代替ルートへの切り替えを図りました。航空輸送や、バンクーバー港、プリンス・ルパート港などカナダ港湾の利用もありましたが、もっとも多く使われたのは東岸諸港経由の輸送ルートでした。すなわち、船社や荷主が労働争議を西岸港利用時のリスクと以前よりも強く認識するようになったことが、オールウォーターへのシフトの要因となっています。

　オールウォーターへのシフトが進む第2の理由として、鉄道運賃が上昇を続ける一方で、海上運賃の水準が下がっていることがあげられます。1980年代以降、米国の鉄道会社は合併を繰り返し、先にあげた4社への集約が進んできました。これにより破綻の危機に瀕していた鉄道会社の価格交渉力は押し上げられましたが、現在では寡占状態となっていることもあり、運賃値上げが続いています。図12.12左は、LAからニューヨークまで40フィートコンテナを鉄道で運ぶために必要となるサービスの標準料金の推移を示しています。10年間で1.6倍以上に上昇しています。一方、図12.12右に示される近年の海上運賃は、船舶大型化とそれに伴う船腹過剰の影響で下落傾向が続きまし

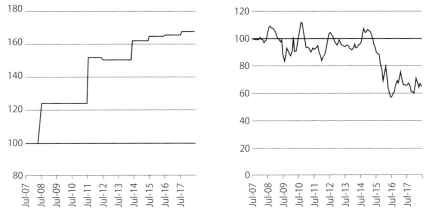

図12.12 LAからニューヨークまでの鉄道輸送サービスの標準料金推移(左)および中国発米国東岸向けコンテナ貨物の運賃推移(右)(2007年6月水準を100とする)
(出所:鉄道運賃:(公財)日本海事センター調べ、船員:上海航運交易所)

た。現在は2016年を底に下げ止まっているものの、以前に比べかなり低い水準で推移しています。パナマ運河の拡張による運賃の下げは現時点ではみられないものの、値上げを続ける鉄道運賃をよそに海上運賃が低い水準で推移していることも、オールウォーターへのシフトを促していると考えられます。

【参考文献】
1) 柴崎隆一「第5章 国際海上コンテナの背後輸送」、今井昭夫編著『国際海上コンテナ輸送概論』、東海大学出版会、2009年、217-257頁
2) オーシャンコマース『国際輸送ハンドブック2017年版』、2016年
3) 杉本俊雄「改訂版:米国鉄道とインターモーダル鉄道」(連載)、『コンテナエージ』、2012年7-12月号
4) 山鹿知樹・柴崎隆一・安間清「東アジア・北米間輸送を中心とした北米大陸における国際貨物の背後流動に関する分析」、『国土技術政策総合研究所資料』、第191号、国土交通省国土技術政策総合研究所、2004年

第13章

アフリカ：経済回廊開発と内陸国

　本章では、東部・南部アフリカの内陸国に注目し、内陸国の港湾アクセスを中心に国際物流の状況について概説します。アフリカは56カ国中16カ国が海に接しない内陸国となっており、他地域と比較して内陸国が多いという特徴があります。これら内陸国においては、世界の他地域との貿易のために他国を陸送で通過する必要があることから、物流を円滑にして貨物輸送費用を少しでも下げることが重要です。

　東部アフリカは、北部回廊（モンバサ港）と中央回廊（ダルエスサラーム港）の間で内陸国貨物の獲得について競合があり、また南部アフリカでは大陸の東西南に広がる港湾の間で内陸国貨物の競合があります。本章ではこれらの概要をみていきます。

13-1　東アフリカ：北部回廊と中央回廊の内陸国貨物の獲得競争

（1）概要

　東アフリカ共同体（EAC）を構成する東アフリカ諸国は、沿岸国2カ国（ケニア、タンザニア）にくわえ内陸国が4カ国（ブルンジ、ルワンダ、南スーダン、ウガンダ）あります。これにEACには加盟していないものの地理的に関係が深いコンゴ民主共和国（DRC）東部を加えた、東アフリカ地域の物流ルートは、図13.1に示す北部回廊と中央回廊が中心となっています。北部回廊は、ケニアのモンバサ港を基点にナイロビ、カンパラ、キガリ、ブジュンブラ、中央回廊は、タンザニアのダルエスサラーム港を基点にブジュンブラ、キガリ、ゴマなどの内陸都市を結んでいます。2つの回廊は、東アフリカ諸国の域内貿易と内陸国の海港への接続の観点から重要な幹線となっています。

　EACは加盟国間の協力体制が比較的強く、域内の物流を円滑化・活発化するためにさまざまな取り組みがなされています。たとえば国境通過の負担を下げるためのワンストップ・ボーダーポスト（OSBP）や単一関税領域（SCT）などがあげられます（詳細は後述）。また、北部回廊と中央回廊の円滑化を目

図 13.1　東アフリカの北部回廊と中央回廊
(出所：筆者作成)

的として、北部回廊運輸交通調整機関（NCTTCA）[注1] と中央回廊運輸促進機構（CCTTFA）[注2] がそれぞれ設立され、交通円滑化のための会議や交通量調査を実施しています。CCTTFA は NCTTCA に対抗する形で設立されており、ケニア（北部回廊）とタンザニア（中央回廊）の両国が競合しながら、東部アフリカ内陸国発着貨物の獲得をめざしているといえます。

(2) モンバサ港とダルエスサラーム港

　モンバサ港とダルエスサラーム港の取扱貨物の特徴のひとつとして、図 13.2 と図 13.4 に示すとおり、東アフリカ地域の内陸国の貨物を多く含むこと

(注1) 1885 年設立。加盟国は、ブルンジ、DRC、ケニア、ルワンダ、ウガンダ。
(注2) 2006 年設立。加盟国は、ブルンジ、DRC、ルワンダ、タンザニア、ウガンダ。

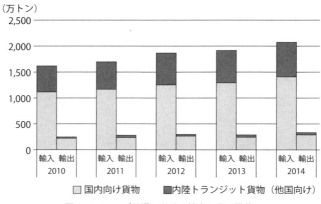

図 13.2　モンバサ港における輸出入量の推移
(出所：Kenya Port Authority, 2015[1])

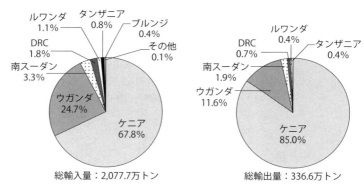

※ DRC はコンゴ民主共和国
図 13.3　モンバサ港の貨物に占める国別輸出入量（2014）
(出所：Kenya Port Authority, 2015[1])

があげられます。図中の「内陸トランジット貨物（他国向け）」とはケニアまたはタンザニア発着以外の貨物をさしますが、図 13.3 に示すとおり、モンバサ港のトランジット貨物の多くがウガンダ発着貨物で、次いで南スーダンとなっています。とくに輸入貨物ではウガンダ向けが 24.7％と大きなシェアを占めています。ウガンダ向け貨物はコンテナで輸送されるような日用品や農作物が比較的多く、南スーダン発貨物は同国南部のジュバ周辺で採掘される鉱物

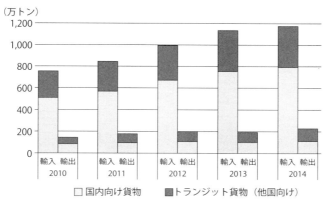

図 13.4　ダルエスサラーム港における輸出入量の推移
(出所：Tanzania Port Authority, 2015[2])

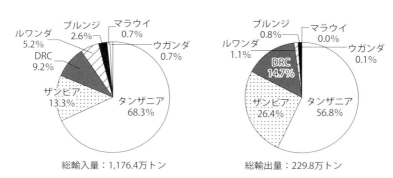

図 13.5　ダルエスサラーム港の貨物に占める国別輸出入量（2014）
(出所：Tanzania Port Authority, 2015[2])

の輸送が多いとのことです。ウガンダと南スーダンは、モンバサ港のほうがダルエスサラーム港と比較して距離的に近いため、モンバサ港を比較的多く利用しているものと考えられます。一方のダルエスサラーム港は、DRC、ルワンダ、ブルンジの貨物が比較的多いことがわかります。また図 13.5 をみると、ザンビアやマラウイなど南部アフリカ諸国発着の貨物にも利用されていることがわかります。ザンビア発着貨物の港湾選択の詳細については、次節でも触れます。

　東アフリカ荷主協議会（SCEA）[3]では、モンバサ港とダルエスサラーム港

表 13.1　モンバサ港、ダルエスサラーム港揚げ輸入貨物の目的地別輸送費用

（US ドル /TEU）	ナイロビ	カンパラ	キガリ	ブジュンブラ	ゴマ
北部回廊（モンバサ揚げ）	1045	3700	4800	6500	7000
中央回廊（ダルエスサラーム揚げ）	N/A	4600	4300	4500	4700

（出所：SCEA、2014[3]）

　から東アフリカ内陸国へ輸入した場合の輸送費用を算出しています（表13.1）。表より、キガリ、ブジュンブラ、ゴマへの輸送は中央回廊（ダルエスサラーム港経由）による輸送のほうが安価であることがわかります。ただしキガリについては、両ルートの差が約 500 ドル／ TEU となっていて、比較的拮抗しています。一方でカンパラへの輸送では、北部回廊を用いたほうが安いことがわかります。

　現在、モンバサ港とダルエスサラーム港の貨物取扱量は急激に増加しており、年々混雑が悪化しています。SCEA[3] によると、2013 年のモンバサ港とダルエスサラーム港における港湾内滞留時間は、世界平均の 3 日に対してそれぞれ約 5 日と 10 日という状況です。両港での滞留時間が長いおもな理由は「オペレーションの非効率性」に加え「容量不足」と考えられています。そのため、日本政府は円借款によるモンバサ港の拡張を 2009〜2016 年の間に実施し、新バースの建設に加え、最新のガントリークレーンなどを導入しました（図 13.6 左）。一連の開発事業で水深 15m のバースが整備されたことで、ポスト・パナマックス船の入港が可能となり、鉄道ターミナルや引き込み線も新たに整備されました。しかしながら、2018 年には再び同港の需要が取扱能力（128 万 TEU）を上回る見込みとなっているため、日本政府はさらなるコンテナターミナル拡張のための「モンバサ港開発事業（フェーズ 2）」の実施を計画中です。これにより、モンバサ港の高速化かつ安定的なサービスが提供されることが期待されています。

　ダルエスサラーム港も容量不足が深刻であり、同港近郊に新規の ICD を建設する計画があります。この ICD は、中央回廊の鉄道およびザンビアに向かうタンザン鉄道と結ばれる予定となっています。また、同港内のバース拡張計画もありますが、これらの建設がすべて完了したとしても今後 10 年以内に取

図13.6　モンバサ港コンテナターミナル（左）、バガモヨ港完成予想図（右）
(出所：（左）ケニア・デイリーネーション紙、（右）タンザニア港湾公社)

扱貨物量が港の容量を超えると見込まれていることもあり、2018年より、ダルエスサラームから約50km北のバガモヨに中国の支援により大型新港が建設されています（図13.6右）。計画がすべて実現すれば、2,000万TEUの取扱容量を誇る東部アフリカ最大のコンテナターミナルとなり、隣接して整備される予定のSEZにタンザン鉄道が延伸される計画もあるなど、東部アフリカのみならず南部アフリカ貨物の取り込みも企図されています。インド洋に面し、中央回廊を通じた東アフリカ諸国へのアクセスや、ザンビアなど南部アフリカへの玄関口ともなりうる港湾は、中国にとっても戦略的な位置にあることから、積極的な投資がなされていると解されます。

また、両港とも容量不足により港湾内が混雑していることから、第11章でみたインドの例と同様に税関機能も備えたコンテナ・フレート・ステーション（CFS）を港湾周辺に設け、港湾内の作業量を減らす取り組みもなされています。しかし、現地のフォワーダーへのインタビュー調査によると、CFSのオペレーションも非効率であるため、むしろこれが輸出入のボトルネックになっているということです。

(3) 北部回廊と中央回廊

北部回廊の幹線は、図13.1に示すモンバサ～ブジュンブラ間の1,970kmの区間です。途中で南スーダンやDRCに向かう支線も、北部回廊に含まれます。北部回廊交通観測所の報告書によると、モンバサ港からウガンダの首都カンパラまでの道路区間はおおむね舗装されており、道路状態はおおむね良好と

図 13.7　北部回廊の混雑区間（左、ウガンダ国内）と未舗装区間（右、ケニア側マラバ国境付近）
（出所：2015 年 3 月筆者撮影）

のことです。アフリカでは都市間の人口が希薄で沿線に住居や工場がない場合も多いですが、ウガンダをはじめとするビクトリア湖周辺は気候がよい(注3)こともあって人口密度が比較的高く、カンパラまでのウガンダ国内の基幹道路沿線には住居や店、工場などが多く立地しており、人があまり途絶えないことが特徴のひとつとなっています。そのために一部区間では混雑が発生しており（図 13.7 左）、バイパス道路が建設中の区間もあります。

　一方でカンパラ以遠（ルワンダ方面）の幹線や、南スーダン、DRC に向かう支線の状況はあまりよくありません。また、ケニア側のマラバ国境付近のように、幹線でも工事のために未舗装道路を通行せざるを得ない区間もあります（図 13.7 右）。道路状態が悪かったり未舗装であると、トラックの速度が低下して所要時間が延びます。また、道路の舗装が剥がれている場合、それを避けるために減速と加速を繰り返す必要があるため貨物が損傷する可能性も高くなります。

　北部回廊には、道路だけでなく鉄道ネットワークも含まれます。モンバサ〜ナイロビ〜カンパラ間には狭軌の鉄道が通っており、リフトバレー鉄道会社（RVR）というコンソーシアムにより運行されています。しかし、鉄道インフラを維持する投資が十分に行われず、ワゴン不足や鉄道インフラの老朽化が深刻な問題となっており、遅延や故障などが相次ぐなど、トラック輸送と比較してサービスレベルが相対的に低い状況となっています（図 13.8）。このため、SCEA[3] によると、モンバサ港から内陸に輸送される貨物に占める鉄道のシェ

（注3）文献によっては、ウガンダ周辺は世界でもっとも住みやすい気候とするものもあります（例：http://kawalabo.blogspot.com/2014/12/blog-post.html）。

図 13.8　カンパラ鉄道ターミナルに停車する RVR の鉄道貨物車両
（出所：2015 年 3 月筆者撮影）

図 13.9　モンバサ駅（左）とケニアの標準軌鉄道（右）
（出所：2018 年 9 月筆者撮影）

アは、約 5% 以下にとどまっています。

　このような状況のなか、2017 年 5 月 31 日にモンバサ〜ナイロビ間に標準軌の鉄道が新たに開通しました（図 13.9）。総工費 38 億ドル、全長約 480km で、ケニアが 1963 年にイギリスから独立して以来最大のインフラ事業となりました。建設費用の 9 割が中国の借款によるもので、中国が進める一帯一路構想の一翼も担っています[注4]。道路には重量制限があるため、重量貨物である鉱物などの資源輸送は鉄道が向いています。これまでナイロビ〜モンバサ間の輸送には、9 時間のトラック輸送または 12 時間の旧鉄道を利用するしかありませんでしたが、新鉄道では旅客輸送で 4 時間半、貨物輸送で 6 時間で両都市を結ぶことが可能です。将来的にはウガンダ、DRC、ルワンダ、ブルン

（注 4）中国は昨年 10 月に開通したエチオピアの首都アジスアベバと紅海に臨むジブチの首都ジブチを結ぶ鉄道の整備事業も手掛ける（章末の column5 参照）など、アフリカ交通インフラ事業への投資に積極的です。

図 13.10　ブジュンブラ港のクレーン（左）と倉庫（右）
（出所：2015 年 3 月筆者撮影）

ジ、南スーダン、エチオピアといった周辺諸国に延伸される計画もあるようです。

一方、中央回廊の幹線は、ダルエスサラーム港〜ブジュンブラ、ゴマ、マサカ、ムワンザといくつかのルートに分かれます（図 13.1 参照）。ダルエスサラーム港〜ブジュンブラは幹線でも繋がっていますが、マニョニから支線に入り、キゴマまでトラックで輸送し、艀（はしけ）に積み替えてタンガニーカ湖を北上して輸送するルートが一般的です。ブジュンブラはタンガニーカ湖の北端に位置しており、港湾施設の多くは 1960 年以前に整備されたものであることから（図 13.10）、新しいコンテナターミナルと船舶修理施設の建設が JICA により支援されています。タンガニーカ湖は DRC にも面しており、治安上の懸念があります。治安が悪化するとタンガニーカ湖を航行する船舶が襲撃されるリスクが高まるため、トラックによる輸送が多くなるとのことです。

また中央回廊の鉄道は、ダルエスサラーム〜キゴマ間を中心として 2,707km の狭軌鉄道となっています。タンザニアの鉄道も老朽化の問題を抱えており、多くの区間で速度規制があり、輸送分担率はやはり約 5％程度にとどまっています。北部回廊の鉄道が整備されたため、鉄道設備としては北部回廊に大きな優位性が存在する状況となっています。

北部回廊および中央回廊では、JICA、EU、世界銀行などの支援により、すべての主要な国境において OSBP が導入されています。OSBP は、税関手続きを共有して業務を効率化する手段として注目されている通関業務運営方式のひとつです。通常、出国側、入国側でそれぞれ輸出入の手続きが必要となりますが、OSBP を導入することによりそれらを一カ所ですますことができ、国

図 13.11　ケニア・ウガンダ国境（マラバ）（左）および国境新施設建設（右）の状況
(出所：2015 年 3 月筆者撮影)

境を通過する物資の滞留時間を短縮し、交流の促進を図るものです。SSATP[4]によると、マラバ国境では、OSBP 導入により以前は 48 時間要していた国境通過が 6 時間に短縮されたとのことです。しかしながら、図 13.11 に示すとおり、国境前の混雑は依然として激しく、トラックの長い行列ができています。これはトラック流入量が国境施設の容量を大きく超えていることが原因です。そのため図 13.11 に示すとおり、マラバ国境では EU の支援により新施設が建設されています。

また、EAC 諸国の貿易関連（税関）システムが統一されていないことも、国境通過に時間を要する一因となっています。EAC では単一関税領域（SCT）という仕組みが設定されています。これは、通関や納税について共同体全体をひとつの国とみなすことで、沿岸国の貨物荷揚港に内陸国の税官吏が常駐し輸入通関を行うという仕組みです。現段階では特定品目のみが対象となっていますが、とくに北部回廊においては実際の輸入案件に適用されつつあります。一方、タンザニア政府は中央回廊の非関税障壁を減少させるため、ワンストップ・インスペクション・ステーション（OSIS）の導入を検討しています。この施設では、タンザニア国境におけるウェイブリッジ[注5]、警察によるチェック、税関の機能をタンザニア歳入庁が一元的に管理するというもので、国境抵抗の減少に資することが期待されます。

(注 5) ウェイブリッジとは、車両の重量および軸重等を測定するための橋秤です。北部・中央回廊ともに通行車両には軸重制限が設けられており、それを超過すると罰金が科されます。

13-2 　南部アフリカ：東西南に通じる内陸国からの海上輸送アクセス
　　　～ザンビアを例に～

　南部アフリカ開発共同体（SADC）^(注6)を構成する南部アフリカ地域には、ボツワナ、マラウイ、ザンビア、ジンバブエの4つの内陸国、および準内陸国（陸上国境線と海岸線の合計のうち海岸線の占める割合が5%未満の国家）のDRCが含まれます。この地域の特徴のひとつとして、図13.12に示すとおり、内陸国の海上輸送へのアクセスルートが東西南の3方向に及ぶという点が指摘できます。そのため、港湾間競争は必ずしも地理的に近接する港湾間のみで発生しているわけではありません。

　なかでも、4つの内陸国で最も北方に位置するザンビアは、海上輸送貨物（国際貨物のうち対南部アフリカ諸国貨物を除いたもの）の港湾アクセスルートの選択肢が最も多いと考えられます。具体的には、東方向のタンザニア・ダルエスサラーム港またはモザンビーク・ベイラ港、南方向の南アフリカ・ダーバン港、西方向のナミビア・ウォルビスベイ港などがあげられます。図13.13に示すザンビア着海上輸送貨物の国境別輸入量をみれば、タンザニアから入るナコンデ国境がもっとも多く、ついでジンバブエから入るチュルンドゥ国境およびリビングストン国境が多いことがわかります。また、ボツワナからのカズングラ国境、モザンビークからのチャニダ国境、ナミビアからのカティマムリロ国境などからの流入もあります。以下では、方面別にザンビア発着海上輸送貨物の港湾アクセスルートの現況を整理し、今後の展望を述べます。

（1）南方面（南アフリカ）

　ジンバブエ国境およびボツワナ国境を経由するザンビア発着海上輸送貨物の多くは、アフリカ大陸南岸の南アフリカ・ダーバン港を利用しているものと考えられます。ダーバン港はザンビアの首都ルサカから約2,000km離れており、このあと触れる他港と比べ陸上輸送距離は長いものの、陸上交通インフラ

（注6）SADCの加盟国は、2018年現在、アンゴラ、ボツワナ、コモロ、DRC、レソト、マダガスカル、マラウイ、モーリシャス、モザンビーク、ナミビア、セイシェル、南アフリカ、スワジランド、タンザニア、ザンビア、ジンバブエの16カ国。

図 13.12 南部アフリカ地域の交通ネットワーク
(出所：JICA[5] より筆者作成)

と港湾のサービスレベルが比較的高いため、筆者らのインタビュー調査によれば、現状ではザンビア発着海上輸送貨物にとって最も選択されることの多い港湾となっている模様です[注7]。また、南アフリカはこの地域で圧倒的に経済レベルが高いため、そもそも南アフリカとの交易が多く太い輸送ルートが構築されていることも、同国の港湾を利用することの後押しとなっています。

ザンビア〜ダーバン港間の陸上輸送ルートは複数あります。チュルンドゥ国境からジンバブエを通過して南アフリカに入国するルートが最も一般的ですが、筆者らのインタビュー調査によると、輸送ルートを選択するフォワーダー

(注7) ただし、以下で述べるようにダーバン港へ至るルートは複数あるため、図 13.13 に示す国境別の国際海上輸入貨物についてみると、ダルエスサラーム港から来てナコンデ国境を通過する貨物量が最も多くなっています。

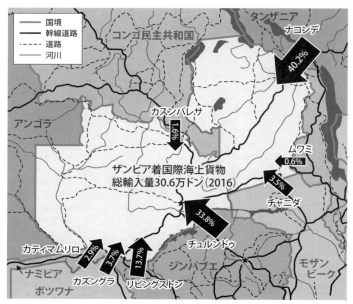

図 13.13 ザンビア着国際海上輸送貨物の国境別輸入量シェア
（出所：ザンビア歳入庁提供データより筆者作成）

は、治安上の問題や賄賂の要求などが比較的多いジンバブエの通過をあまり好ましく考えておらず、ボツワナを通過するルートをできれば利用したいと考えているようです。ボツワナは（一部区間ではあまり良くないものの）比較的道路状態も良く、平坦な道が多くトラックにかかる負担が低いために輸送費用も小さくなるのに加え、隣国と比較して政治的腐敗も小さいため、国境通過時や道中で追加的な通行料などを要求される可能性も低いとされています。表13.2 の世界銀行データをみると、ボツワナは書類準備、通関手続ともに南部アフリカ諸国の中で比較的高水準である（特に所要日数が短い）ことがわかります。

　ルサカ〜ダーバン間をボツワナ経由で走行する場合、現状では、ザンベジ川をはさんでわずか 500m のみザンビアとボツワナが国境を接する区間（カズングラ国境）をフェリーで渡る必要があります。フェリーは約 10 分で対岸まで到着するものの、トラック 2 台を載せると満杯になる非常に小さい船で運

表13.2　南部アフリカ諸国における輸出入に係わる書類準備と通関手続における所要日数と費用

国	書類準備 時間（日） 輸出	書類準備 時間（日） 輸入	書類準備 費用（USD/TEU） 輸出	書類準備 費用（USD/TEU） 輸入	通関手続 時間（日） 輸出	通関手続 時間（日） 輸入	通関手続 費用（USD/TEU） 輸出	通関手続 費用（USD/TEU） 輸入
アンゴラ	25	25	560	825	5	7	400	400
モザンビーク	12	16	230	490	2	2	250	340
タンザニア	8	13	270	575	4	5	250	250
南アフリカ	8	7	355	405	2	2	65	125
ナミビア	5	3	285	200	1	1	65	170
マラウイ	3	3	340	160	4	3	245	140
ザンビア	5	6	200	175	7	7	370	380
ボツワナ	1	1	180	65	1	1	320	100
ジンバブエ	4	3	170	150	3	10	285	560

（出所：世界銀行 Doing Business）

航されています（図13.14 上）。JICA[6]によると、国境通過には待ち時間を含め平均約30時間を要しており（図13.14 下）、ボツワナルートのボトルネックとなっています。これを回避するルートとして、リビングストン国境からジンバブエ国内を一部（約65km）通過しボツワナ

図13.14　カズングラ国境のフェリーと混雑の状況
（出所：2017年9月筆者撮影）

（カサネ）に至るルートもありますが、国境通過回数が1回増えるのに加え、リビングストン国境（ビクトリアフォールズ橋）の重量制限も存在します。

以上のことから、JICAとアフリカ開発銀行（AfDB）が共同でカズングラ国境に鉄道併用橋を建設しており[注8]、2018年末の開通をめざしています（図13.15 左）。橋梁建設に加え、図13.15 右に示すような国境管理施設の建替え

図 13.15　カズングラ国境における橋梁および関連施設の建設状況
(出所：2017 年 9 月筆者撮影)

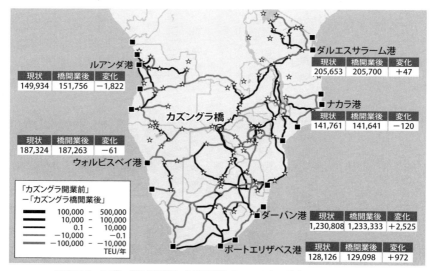

図 13.16　カズングラ橋開業による国際海上コンテナの陸上フローの変化予測
(出所：筆者推計)

と OSBP 設置による国境通過手続きの迅速化も併せて支援しています。

　ここで、第 10 章や第 11 章の分析でも使用したインターモーダル国際物流モデルを用いて、カズングラ橋開業前後での国際海上コンテナの陸上フローの変化を推計しました。その結果を図 13.16 に示します。カズングラ橋の開業によりボツワナ経由の南北の貨物流が円滑になり、ジンバブエ経由の貨物がボツ

(注8) カズングラ橋建設については、JICA 開発調査を基に、SADC が AfDB の資金を用いて詳細設計・工事を行っており、JICA と AfDB とのジョイント協調融資と位置づけられています。

ワナ経由にシフトしたことがわかります（カズングラ国境を通過するザンビア着国際海上コンテナ貨物のシェアは、4.9％ポイント増加）。また、各港の取扱量は大きな変化はありませんが、南北の貨物流が円滑になったことにより、南アフリカの2港湾（ダーバン港、ポートエリザベス港）とダルエスサラーム港の取扱量がやや増加する可能性が示されています。一方で、アンゴラのルアンダ港の取扱量がやや減少していますが、これはDRC南部のルブンバシ発着貨物が南アフリカの港湾に流れたためと考えられます。すなわち、カズングラ橋が建設されれば、ボツワナ経由でダーバンまで輸送されるルートがより活用される可能性が示されました。

（2） 東方面（タンザニア、モザンビーク）

　図13.13に示したように、2014年のザンビア着国際海上輸送貨物で最も貨物量が多いのは、タンザニアのダルエスサラーム港からの流入となるナコンデ国境です。ザンビア歳入庁提供データによると、この国境は輸入貨物がとくに多いのが特徴です。これは、ザンビアの輸入相手国は中国やインドが比較的多く、これらの国に対して、インド洋に面するダルエスサラーム港が海上輸送距離の観点から優位性を持っているためと考えられます。実際に、同データによれば、ナコンデ国境を通過する貨物はインドまたは中国発のものが約75％を占めています。

　ナコンデ国境を通過するダルエスサラーム～ザンビア間の輸送では、トラックだけでなくタンザン鉄道の利用も可能です（図13.17左）。タンザン鉄道は中国の援助により1975年に完成し、1990年代までは年間100万トン以上の輸送量があり（図13.18）、ザンビアやDRCで採掘される銅に加え、マンガン、コバルトの輸出や、アジアからの肥料の輸入に利用されていました。しかし最近は老朽化が激しく、速度の低下（設計速度70km/hに対し最近の実績は35km/h程度）や故障の頻発により、2016年の輸送実績はわずか約20万トンにとどまっており、ナコンデ国境を通過する貨物全体の2％ほどしか占めていません。そのため、タンザニアおよびザンビア鉄道当局は、2015年に中国から4台のディーゼル電気機関車と18台の車両を調達するなど、同鉄道の有効活用を模索しています。しかし、タンザン鉄道は軌道の老朽化も激しいことか

図13.17 タンザン鉄道（左）およびフォーブス国境（右）
（出所：（左）タンザニア・ザンビア鉄道公社、（右）2017年9月筆者撮影）

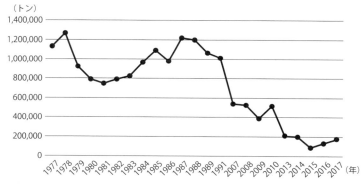

図13.18 タンザン鉄道の貨物取扱量推移
（出所：タンザン鉄道など）

ら、車両を取り替えたとしても鉄道の競争力はそれほど上がらない可能性があります。

また、同じ大陸東岸にはモザンビークのベイラ港もあり、フォーブス国境（図13.17右）からジンバブエへ入り、さらにチュルンドゥ国境からザンビアへ入るベイラ回廊を通れば、ザンビアの首都ルサカまでの陸上輸送距離は主要港湾中で最短となります。ただし、南アフリカの港湾と同様に、ザンビアまで国境を2回越える必要があります。また、ベイラ港は水深が最大12mと本節でとりあげている他の主要港湾より浅いことに加え、潮位差が大きいことなどから、大型船については沖待ちが数日間にわたることがあります。そのため、より水深の必要な大型バルク船で石炭を輸出する計画もあることもふまえれば、ベイラ港で今後最も必要なインフラは、バースと航路の増深といえるで

しょう。また、モザンビーク中部は経済規模が小さいため、ベイラ港で取り扱われる貨物の9割は周辺内陸国のトランジットとなっており、自国発着貨物が少なく吸引力が弱いことも課題です。

一方、ザンビアとモザンビークが直接接するチャニダ国境経由のルートは、国境通過が1回ですむのが強みです。現状では国境施設や道路整備が不十分なため、図13.13に示すように利用は少ないですが、ザンビア、モザンビーク両政府ともに同国境の今後の整備に前向きです。また、現地でのインタビュー調査によると、モザンビークは旧宗主国の影響で公用語がポルトガル語のため、旧宗主国がイギリスで公用語が英語の内陸4カ国との言語の違いも少なからずルート選択に影響しており、同じく英語圏のタンザニアや南アフリカが有利な状況となっています。

(3) 西方面（ナミビア、アンゴラ）

ザンビアから西方面への港湾アクセスについては、ナミビアのウォルビスベイ港が中心です。アンゴラのルアンダ港やロビト港は距離的にウォルビスベイ港よりも優位性がありますが、ザンビアとアンゴラを直接結ぶナミベ回廊は未整備区間が長く、治安も悪いことからほとんど利用されていません。

また、ロビト回廊やマランジェ回廊を利用してDRCを通過するルートもありますが、同国カサイ州の治安が非常に悪く、ザンビア発着貨物だけでなく、DRC南部に位置するカタンガ州のルブンバシ発着貨物でさえも、ザンビアを経由してダルエスサラーム港などにアクセスするという状況になっています。

ナミビアは、その最北東に突き出たトランスカプリビ回廊を経由することにより、国境通過がカティマムリロ国境の1回ですむという利点もあります。ただし、ザンビアをはじめ、南部アフリカ各国とも輸出入相手国として中国のウェイトが大きく、とくに輸入貨物は東に重心が大きく偏っています。一方でウォルビスベイ港など西部各港は、欧州や北米方面への海上輸送距離については優位性があり、またスエズ運河を通過する必要もありません。図13.13に示したようにザンビア着全海上輸送貨物に対する現状のシェアはあまり大きくありませんが、ザンビアのフォワーダーへのインタビュー調査によれば、表13.2に示すようにナミビアもボツワナと同様に通関手続などのサービス水準

が高いため、今後港湾までの道路状況が改善されれば、欧州方面の貨物につい
てはウォルビスベイ港を利用したいという意向もあるようです。

　南部アフリカでは、本節で示したインフラ整備計画だけでなく、JICA によ
るナカラ回廊（ナカラ港含む）やチュルンドゥ国境などにおける OSBP の整
備支援などが行われています。また OSBP の運用には専門的知識も必要とな
るため、技術的な研修を実施するなど、より円滑な運用に向けた支援も行われ
ています。

　ザンビアに着目すると、現状として陸上輸送距離の長い南アフリカの港湾が
選ばれていますが、距離的にはベイラ港が最も近く、チャニダ国境ルートが整
備されれば国境通過も一度ですみます。ウォルビスベイ港も国境通過は一度と
いう優位性があります。また前述のとおり、タンザン鉄道を再整備すれば、ダ
ルエスサラーム港の利用はさらに増えることでしょう。したがって、短期的に
は引き続きダーバン港のシェアが高い状態が続くと考えられるものの、インフ
ラ整備を進めていくことにより、南部アフリカ地域における港湾選択の状況が
変化する可能性もあるでしょう。また同地域では、治安上の問題も陸上輸送
ルート選択に大きな影響を及ぼしています。たとえばアンゴラの港湾は自国貨
物が比較的多いため、定期船サービスが比較的充実しています。しかし、治安
リスクが大きいために、DRC やザンビアの貨物を引き付けられずにいます。
インフラ整備とあわせて治安リスクが減少することにより、南部アフリカの陸
上貨物流動が今後一層変化する可能性もあるでしょう。

【参考文献】

1) Kenya Port Authority (2015)：KPA Annual Review and Bulletin of Statistics 2014.

2) Tanzania Port Authority (2015)：Tanzania Ports Handbook 2016-17, Dar es Salaam

3) Shippers Council of Eastern Africa (2014)：East Africa logistics performance survey.

4) Sub-Saharan Africa Transport Policy Program (SSATP) (2013)：Integrated border management on the Northern Corridor Malaba, Busia & Gatuna borders, Africa Transport Forum, December 10-11, 2013, Dakar, Senegal.

5) Japan International Cooperation Agency (2010), Preparatory Survey for Southern Africa Integrated Regional Transport Program, final Report.

6) 国際協力機構（2012）「事業事前評価表」 https://www2.jica.go.jp/ja/evaluation/pdf/
2012_ZM-P5_1_s.pdf.

column5　アフリカの角における港湾選択：インフラ開発と国交正常化

　北東アフリカの「アフリカの角」とよばれる地域には、ジブチ港、アッサブ港およびマッサワ港（エリトリア）、ベルベラ港（ソマリランド）などの海港が含まれます。これらの港湾は、自国の貨物だけでなく、エチオピアや南スーダンなど北東アフリカ内陸国のゲートウェイとしても利用されています。

●エチオピア貨物のジブチ港利用

　北東アフリカ地域の経済の中心といえるエチオピアは、1993年にそれまで同国の領土であった紅海に面した地域がエリトリアとして分離独立したことにより、新たに内陸国となりました。それ以来両国の関係は悪く、エリトリアの両港はエチオピア

発着貨物のゲートウェイとして利用されることはこれまでほとんどありませんでした。また、ソマリア西部のソマリランドに位置するベルベラ港も2016年よりDPWにより運営されていますが、ソマリアの政治情勢が依然として改善しないことや、それに伴う開発の遅れなどのためにあまり利用されておらず、現状では、エチオピア発着貨物の多くがジブチ港をゲートウェイとして利用しています。ジブチ港は2017年5月に中国の支援によりドラレ多目的港（DMP、写真1左）が開業するなど、アフリカの角では港湾インフラの容量・質ともに高く、同地域の物流拠点となっています。また、後述のエチオピア＝ジブチ鉄道も中国の支援により建設され、DMPへの引き込み線建設が予定されるなど、中国のプレゼンスが高くなっています。

　またジブチ港のドラレ・コンテナターミナル（DCT）もDPWにより運営されていますが、2018年2月にジブチ大統領令が発令され、同国政府に接収される事態となりました。DPWはロンドン国際仲裁裁判所に仲裁手続きを申し立て、同年8月にコンセッションの有効性が認められましたが、ジブチ

図　アフリカの角における港湾と輸送ルート
（出所：筆者作成）

写真1　ジブチ港（ドラレ多目的港、左）およびジブチ国内幹線道路（ジブチシティ郊外、右）の状況
（出所：2018年9月筆者撮影）

政府は依然として契約の無効を主張しています。この状況に業を煮やしたDPWは、後述するエチオピア・エリトリア間の関係正常化を機にエリトリアのアッサブ港またはマッサワ港の進出を検討している模様です。

ジブチ港とエチオピアの首都であるアディスアベバとの間の陸上輸送ルートは、以下のとおりおもに二つあります。

ひとつは、トラックでガラフィ国境を通過する約20時間のルートです。エチオピア国内の道路状況は大きな問題はありませんが、ジブチ国内の国境寄り区間（ディキル～ガラフィ国境）の道路状況は悪く、輸送費用増の原因となっています。日本政府は同区間のうち特に損傷が激しい20km区間の改修について、無償資金協力する予定です。道路沿いには多数の物流関連施設が存在し（写真1右）、物流がジブチの主要産業であることがよくわかります。

もうひとつのルートは、エチオピア＝ジブチ鉄道で、デウェレ国境を経由します。この鉄道は中国の支援により建設されたアフリカ初の電化鉄道で、2016年10月に開通しました。現在1日2便運行されており、一編成あたり205TEUのコンテナが輸送可能となっています。ジブチ～アディスアベバ間の所要時間は約8時間で、ガラフィ経由のトラック輸送よりも短時間で運ぶことができます。エチオピア向けコンテナの鉄道輸送需要は増加しており、今後さらに輸送力を強化する予定とのことです。なお、コンテナ貨物の運賃については、トラック輸送が0.058USD/トンキロ、鉄道輸送が0.048USD/トンキロで鉄道輸送のほうが安価となっており、輸送時間、費用ともに鉄道輸送に優位性がある状況となっています。また、このルートに沿って世界銀行が道路整備を計画しており、さらにルートが増えるかもしれません。

アディスアベバ発着の貨物は、トラック、鉄道輸送の両方とも、アディスアベバから南に約75kmに位置するモジョ・ドライポート（写真2左）にいったん搬入され、税関検査などを受ける必要があります。ドライポートには前述のエチオピア＝ジブチ鉄道が乗り入れており、ここでトラックと鉄道の積み替えが行われます。なお、アディスアベバ～モジョ間の道路状況

写真2 モジョ・ドライポート（左）とアディスアベバ〜モジョ・ドライポート間の道路状況（右）
（出所：2018年9月筆者撮影）

は写真2右に示すとおり非常に良好です。この高速道路も中国の支援によって建設されました。

● エリトリアとの国交回復によって予想される港湾選択の変化

前述のとおり、現状ではエチオピア発着貨物のほとんどがジブチ港を利用しています。以前はひとつの国であったエリトリアとエチオピアは、1991年のエリトリアの分離独立後、1998年には国境紛争が発生するなど国境の封鎖が続き、エチオピア発着貨物がエリトリアの港湾を利用することはこれまでほとんどありませんでした。

しかし、2018年7月に両国大統領が関係正常化の合意文書に調印して一気に和解ムードが広がり、陸上国境での往来と航空路の再開、エチオピアに対する港湾の開放が取り決められ、今後はとくに距離的に近いエチオピア北部の貨物を中心に、エリトリア港湾の利用が進むことが期待されます。これを受け、現在、たとえばアディスアベバ〜アッサブ港間の道路の改修が急ピッチで行われているとのことです。

エチオピアの物流を独占的に担うELSTLに筆者らがインタビューしたところ、エチオピアとしては、ジブチ、エリトリア、ソマリランドの各港湾を将来的に4：3：3程度の分担で使い分けることが理想とのことでした。内陸国として各国の港湾を使い分けることでリスクの分散を図り、さらには港湾同士を競争させることにより、低廉な利用料金の実現やサービスレベルの維持・向上を期待しているようです。たとえば、エチオピアはこれまでもジブチに対して前述の道路状況が悪い区間の改良を要請してきましたが、そういった要請に対して今後はより迅速な対応が期待されるでしょう。

以上のように、アフリカの角における内陸国エチオピアを発着する貨物の利用港湾について、現在はジブチ一強状態となっていますが、エリトリアとの国交回復やDPWによるベルベラ港の運営、鉄道の新規建設等により競争環境が大きく変化することが予想され、今後、港湾のゲートウェイ競争が注目される地域のひとつとなるでしょう。

終わりに

　本書は、世界の国際物流（グローバル・ロジスティクス）を俯瞰することを目的として、第1章でその歴史的経緯を簡単に振り返ったうえで、第1部では海上輸送について、コンテナ輸送やエネルギー資源輸送の特徴を概観し、さらにスエズ運河・パナマ運河の拡張、海賊事案発生の推移と対策、北極海航路の利用など現代的なトピックをとりあげました。また第2部では、日本の読者にはあまり馴染みのない国際陸上輸送やランドブリッジ輸送について、中国、ロシア、中央アジア、南アジア、東南アジア、北米、アフリカの各地域の現況と課題を整理しました。

　筆者らが本書を執筆した2017～2018年にかけては、中国の習近平国家主席が提唱する一帯一路構想が世界中に広く普及する時期と重なっており、本稿でも、中国、ロシア、中央アジアのそれぞれの視点からユーラシア大陸を跨ぐランドブリッジ輸送について扱った第7章～第9章では、中国の一帯（シルクロード経済帯）政策の影響とその対応が明示的なテーマでした。しかし、それだけでなく、その他の章でも、たとえば第1部では中国の一路（21世紀海洋シルクロード）政策に関連し、中国系コンテナ輸送船社同士（コスコ、CSCL）の合併と各地域の港湾運営への進出、チョークポイントを避けリスク分散を目的とした新しいエネルギー資源輸送ルートの開拓のため周辺諸国（カザフスタン、トルクメニスタン、ミャンマー、パキスタン等）への物流インフラ投資、将来のパナマ運河拡張計画やニカラグア運河建設計画への関与の可能性、海賊対策を名目としたジブチへの中国海軍の駐留、北極海航路を「氷のシルクロード」とよび受益者として関与を強める姿勢など、本文では扱えなかった事項も含め、第1部で取り扱ったすべての章の内容において、中国の存在感が増しているといえます。

　また、第2部の国際陸上輸送についても、ユーラシア大陸のランドブリッジ輸送だけでなく、たとえば東南アジアの大メコン圏（GMS）では、本文中

で触れたように、わが国は比較的東西軸（東西回廊、南部回廊）に沿って投資支援などの政策が展開されているのに対し、中国は自国を起点とした南北軸上で鉄道、道路、橋梁などの投資を大掛かりに行っています。さらにアフリカでも中国の進出はめざましく、たとえば第13章のcolumn5で紹介したエチオピアは、高速道路、国際鉄道、空港、都市内鉄道からスタジアムまで、ほとんどすべての交通インフラや大規模建築物が、中国の支援で建設されているといっても過言ではありません。

　このように、もはや世界中で非常に大きな存在感を持つに至った中国の一帯一路政策について、当初は懐疑的な姿勢もみられた日本政府も本項執筆時点までには協力姿勢に転換したと報道されており、また日系フォワーダーによる中国発ランドブリッジ・サービスが開始されるなど一帯一路政策と連動した動きもみられます。多額の借金を被援助国に負わせているなどといった批判はあるものの、多くの地域において、投資の規模や迅速性の観点からいえばもはや中国に敵わなくなりつつあることから、中国の政策動向はわが国にとってもとうてい無視できるものではなく、これを前提として対外投資や発展途上国の支援戦略を検討する必要があるでしょう。たとえば、上述の東南アジアの例でも、中国が南北軸を重視しているために日本は東西軸の支援が中心となっているという側面もあります。

　現時点で本書のようなテーマを扱うと、このように中国の一帯一路政策の影響とそれへの対応が必然的に裏の主題となってしまうことは否めません。しかしながら、そういった実情があるにせよ、本書では目先の出来事だけにとどまらず、より普遍的な視点で物事を捉えることが重要であるという考えから、ひととおり本書を読了していただいた際に、読者の眼前に、もう少し幅の広いグローバル・ロジスティクスの全体像が立ち上がってくることを目標として、執筆・編集を行いました。それにより、一帯一路政策がでてきた背景や、グローバル・ロジスティクス・ネットワークへの影響についても、より広範な視点から理解することができると思います。

　たとえば本書では、海上輸送に関する各事項や各地域の国際陸上輸送の現況について、なるべく多くの項目や地域を対象に含めることで、各地域における

物流の現況が、さまざまな観点から比較可能となることをめざしました。これにより、たとえば、利用港湾や輸送ルートの選択要因が、地域によらない普遍的な事項と地域固有の事情に分けられることが明らかになったと思います。ここで、地域によらない事項としては、海上輸送をはじめとして港湾や陸上輸送ネットワークにも規模の経済性が存在すること、利用港湾の選択において陸送距離や主要相手国との位置関係など地理的な要因が大きく影響していること、輸送距離と有利な交通モードの関係（たとえば、おおむね500km以上の輸送では鉄道がトラックよりもコスト優位であること等）、片荷輸送が大きな問題となっていること、越境障壁の低減や手続き簡素化の重要性などがあげられます。また、地域固有の事情（中長期的には変動し得る要因）としては、隣国同士の関係（経済連合・関税同盟の存在や政治的対立等）、トラック以外に利用可能な輸送モード（鉄道、水運、パイプライン）と道路を含めたその整備レベル、内陸国・地域の経済規模や国境線の形状、港湾の規模や海象環境、氷との衝突や海賊などのリスクの存在、特定のモードの利用を推進する政策（例：中国地方政府による中欧班列への運賃補助）、特定のルートを通ることによる追加費用（例：運河通航料や砕氷船エスコート料）などがあげられます。

　さらに、上述のようにグローバル・ロジスティクス・ネットワークには規模の経済性が存在し、先行者の利益が得られるため、現状のネットワーク（主要ルートやハブ港など）は歴史的経緯にも依存しています。これが、第1章をはじめ多くの章で、歴史的経緯の説明にも多くの頁数を割いた理由です。後発の港湾や、鉄道・船会社などの輸送会社は、思い切った利用料金の引き下げや快適な（混雑のない）サービスの提供といったインパクトのある施策を打つことにより先行者との逆転を目論むか、あるいはまだ開拓されていないニッチなマーケットを狙うかといった戦略をとる必要があります。19世紀末から20世紀初めにかけてのスエズ運河やパナマ運河の開通や20世紀中頃のコンテナの誕生は、グローバル・ロジスティクス・ネットワークに大きな影響を与えました。現在の中欧班列や北極海航路、あるいは情報化の進展などもそのような大きいインパクトを与えられるでしょうか。答えは、本書を読了した読者の皆様に委ねたいと思います。

索 引

欧文等

20 フィートコンテナ換算個数（TEU）
.... 24

21 世紀海洋シルクロード 99

ADB（アジア開発銀行）........ 133,146,152

AfDB（アフリカ開発銀行）............ 213

AIS（自動船舶識別装置）.................. 1

AP（アーンドラ・プラデーシュ）州
.... 177

BNSF 188

BP 世界エネルギー統計 47

CAREC 回廊 133

CLB（チャイナ・ランドブリッジ）
.... 100,101,108,117,132,133

CMTV（カイメップ・チーバイ）港
.... 158,160,161

CONCOR 169

CPEC（中国・パキスタン経済回廊）
.... 147

CSXT 188

DB シェンカー 103,104

DFC（貨物専用鉄道）.............. 175,176

DHL 104

DPW 150,219

EAC（東アフリカ共同体）............. 200

FESCO 120

GMS（大メコン圏）回廊 4,152,153

GMS 東西回廊 152

GMS 南部回廊 157

HRA（ハイリスクエリア）............ 77,80

ICD（インランド・コンテナ・デポ）
.... 37,38,169,204

IMO（国際海事機関）.................... 75

JICA 146,152,208,213

JNPT 170,171,172,173,177

Lift-On Lift-Off（LOLO）.............. 25

LNG（液化天然ガス）........ 45,46,50,68,91

LNG 船 50,68,69,92

MSTC（海上安全通行回廊）............. 78

Northeast Passage（北東航路）..... 85,86

Northern Sea Route（北極海航路）
.... 3,85

Northwest Passage（北西航路）.... 85,86

PNW 190

PSA 99,174

PSW 190

SEZ（特別経済区）...... 136,137,151,161,205

SLB（シベリア・ランドブリッジ）
.... 101,116,117,123

TIR 協定 136

TRACECA（Transport Corridor
Europe-Caucasus-Asia）............. 143

TSR コンテナ輸送 117

UPS 104,105

ア行

アーンドラ・プラデーシュ（AP）州
.... 177

アイスパイロット 90

アクタウ、アクタウ港 142,150

アジアインフラ投資銀行（AIIB）...... 110

索引

アジア海賊対策地域協力協定
　（ReCAAP）……………………… 81
アジア開発銀行（ADB）……… 133,146,152
アスタナ …………………………… 136
アセアン ………………… 105,152,193
アダニ・ポーツ ……………… 174,182
アディスアベバ ……………… 219,220
アデン湾…………………… 74,76,77
アフリカ開発銀行（AfDB）………… 213
アフリカの角 ……………………… 219
アムダリヤ川 ……………………… 141
アライアンス ……………………… 32,33
阿拉山口………… 98,101,103,104,135
アラメダ・コリドー ………………… 191
アルマトイ ………………………… 135
イスラム商人 ……………………… 10,11
一帯一路、一帯一路政策（Belt & Road
　Initiative）………… 3,96,97,131
インコタームズ …………………… 26
インド亜大陸 ……………………… 8,169
インドシナ半島 …………………… 152
インランド・コンテナ・デポ（ICD）
　…… 37,38,39,163,169,173,179,204
ウェイブリッジ …………………… 209
ウォルビスベイ港 ………………… 210
ウズベキスタン ………………… 130,140
ウラジオストク港 ……………… 120,121
ウルムチ ………………… 98,101,139
上屋 ………………………………… 25
運送人渡条件（FCA）……………… 26
運賃保険料込条件（CIF）…………… 26
液化天然ガス（LNG）……… 45,46,50,68,91
エチオピア＝ジブチ鉄道 …………… 220
越境輸送に関する多国間協定（CBTA）

　………………………………… 155
エネルギー安全保障 ……………… 50
エネルギー資源輸送 ……………… 3
エリトリア ………………………… 219
二連ホト …………………………… 101
エンノール港 ……………………… 181
遠方国際物流港（カシュガル）…… 147,148
オークランド港 …………………… 188
オーシャン・ネットワーク・エクスプレ
　ス（ONE）……………………… 32
オールウォーター ………… 195,197,198
卸売業 ……………………………… 114
オン・シャーシ …………………… 193

カ行

海上安全通行回廊（MSTC）……… 77,78
海上武装強盗 ……………………… 75
海賊 ………………………………… 3,74
カイメップ・チーバイ（CMTV）港
　……………………… 158,160,161
カザフスタン …………………… 130,135
カザフスタン鉄道（KTZ）……… 137,150
カシュガル ……………………… 147,148
ガス・コンデンセート ……………… 90
カスケード効果 …………………… 34,70
カスピ海………………… 130,132,141
カスピ海横断国際輸送ルート（TITR）
　………………………………… 142,150
カズングラ国境、カズングラ橋… 212,213
カタッパリ港 ……………………… 182
貨物専用鉄道（DFC）…………… 175,176
カラコルム・ハイウェイ …………… 147
空コンテナ ………………………… 27,28
カルナータカ州 …………………… 180

索引

ガレー船 …………………………………… 8
関税 ……………………………………… 35,108
カントリーリスク ……………………… 57
岸壁クレーン ………………………… 25,30,40
義烏 …………………………………… 114,139
基幹航路 ……………………………… 1,60,83
季節風（モンスーン） …………………… 8,9
ギニア湾 ………………………………… 80,83
ギニア湾商船向け海洋状況把握（MDAT-GoG）…………………………………… 83
喜望峰 ………………………………… 14,64
規模の経済性 ………………………… 27,30,60
京義線 …………………………………… 126
キルギス ………………………………… 143
クリク、クリク港 …………………… 142,150
クリシュナパトナム港 ………………… 182
クリッパー・ルート ……………………… 17
クルーズ船 ……………………………… 62
グローバル・ロジスティクス・ヒストリー …………………………………… 1,5
グワダル港 ……………………………… 99
ゲートウェイ港湾 ……………………… 131
検疫 ……………………………………… 35
減速航海 ………………………………… 89
原油、原油タンカー …………… 45,47,50
閘門 …………………………………… 65,66
港湾ストライキ ………………………… 196
コールドチェーン ……………………… 107
国際海運会議所（ICS）………………… 83
国際海事機関（IMO）………………… 75
国際海事局（IMB）…………………… 75
国際商業会議所（ICC）…………… 26,75
国連海洋法条約 ………………………… 75
コスコ（COSCO）………………… 99,137

黒海 …………………………………… 132,142
コモディティ化 ……………………… 17,27
コンテナ・フレート・ステーション（CFS）……………………………… 172,205
コンテナ・ラウンド・ユース（CRU）……………………………………… 28
コンテナ港湾 ……………………… 3,60,172
コンテナ船 ………… 1,29,30,39,40,60,62,69
コンテナターミナル ………… 26,34,40,205

サ行

載貨重量トン（DWT）………………… 53
砕氷船 …………………………………… 89,92
在来貨物 ………………………………… 25
サベタ港 ………………………………… 92
サワンナケート ………………………… 154
ザンビア ………………………………… 210
シアトル／タコマ港 …………………… 188
シアヌークビル港 ……………………… 158
シー＆レール一貫輸送 ………………… 105
シーレーン ……………………………… 99
シェールガス ………………………… 50,69
自主報告海域（VRA）………………… 77
自動化コンテナターミナル …………… 41
自動車航送船 …………………………… 62
ジブチ、ジブチ港 ………… 78,100,219
ジブチ行動指針 ………………………… 78
シベリア・ランドブリッジ（SLB）………………………… 101,116,117,123
シベリア横断鉄道（シベリア鉄道）……………… 116,118,119,124,127
シベリア横断鉄道調整評議会 ……… 122
シベリア鉄道7日間 …………………… 123
ジャンク船 ……………………………… 12

上海協力機構（SCO）·····98
上海ファイブ·····98
重慶·····103
自由貿易試験区·····108,109
蒸気船·····19,20
上下分離·····120
自律航行船·····41
シルクロード基金·····110
シルクロード経済帯·····99,132
シルダリヤ川·····143
新疆ウイグル自治区·····107,133,139
新シルクロード構想·····96,98,110
新スエズ運河構想·····63
シンドバッドの道·····12
ジンバブエ·····210
推奨航行回廊（IRTC）·····78
スエズ運河·····3,53,61,91,187
スエズ危機·····61
スエズマックス·····54
成都·····104
青銅器時代·····5
西部大開発·····96
世界銀行·····146,208,212,220
セキュリティ·····35
セブンシスターズ（インド）·····185
船舶動静データ·····53
前方圏·····36
底荷（バラスト）·····8
ソマリア、ソマリア沖の海賊·····3,75,78,219
ソマリア沖海賊コンタクトグループ·····78
ソマリア周辺海域·····74,77,82
ソマリランド·····219

タ行

ダーバン港·····210
ターミナルオペレーター·····41
タイ＝ラオス友好橋·····153,154,156
タイ・プラスワン·····154,163
第3閘門（パナマ運河）·····67
隊列自動走行·····42
ダウ船·····12
ダウェー·····166,167
タジキスタン·····143
タシュケント·····139
ダッカ·····183
ダナン港·····155
多年氷·····89
ダブルスタック・トレイン·····174,190
ダブルライセンス·····107
ダルエスサラーム港·····200
単一関税領域（SCT）·····200,209
タンガニーカ湖·····208
タンザン鉄道·····204
チェンナイ港·····180
チッタゴン港·····99,183
チャイナ・ランドブリッジ（CLB）·····100,101,108,117,132,133
中央アジア地域経済協力（CAREC）·····133,134
中央回廊（東アフリカ）·····200,201,208
中欧班列·····102
超大型コンテナ船·····29,39
朝鮮半島縦貫鉄道·····126
チョークポイント·····3,50,53,60
チョークポイント比率·····54
通関手続·····35,101,212,217

定期船 …………………………… 29

鄭州 …………………………… 104

ディルムン …………………………… 5,6

鄭和 …………………………… 13

デュイスブルク …………………………… 103

デリー …………………………… 169,171

デリー・ムンバイ間産業大動脈構想
（DMIC）…………………………… 176

電子商取引（e コマース）…………… 115

電子データ交換（EDI）……………… 42

天然ガス …………………………… 50

通し船荷証券（B/L）………………… 122

特別経済区（SEZ）…… 136,137,151,161,205

独立国家共同体（CIS）……………… 101

ドスティク …………………………… 133,135

ドバイ …………………………… 133,141

ドライポート …………………………… 137,221

トランシップ …………………………… 30,125

トランスカプリビ回廊 ……………… 217

トランスコンテナ社 ………………… 122

トルクメニスタン …………………… 140

トルクメンバシュ港 ………………… 142

ナ行

ナーグプル …………………………… 180

内陸国（landlocked countries、陸封国）
…………………………… 130,200

ナカラ回廊 …………………………… 211,218

ナミベ回廊 …………………………… 211,217

南部アフリカ開発共同体（SADC）… 210

荷受人 …………………………… 24

ニカラグア運河 ……………………… 71

二重内陸国 …………………………… 130

荷送人 …………………………… 24

荷役 …………………………… 25

乳香 …………………………… 8

ニューヨーク／ニュージャージ（NY/
NJ）…………………………… 188,189

ネアックルン橋 ……………………… 161

ネオ・パナマックス（ニュー・パナマッ
クス）…………………………… 67

ノーフォーク・サザン（NS）……… 188

ノボロシイスク港 …………………… 132

ハ行

バージ（輸送）（河川輸送）
…………………… 152,160,161,165,185

バイカル湖 …………………………… 127

背後圏 …………………………… 36

ハイデラバード ……………………… 169,177

ハイフォン港 ………………………… 105

パイプライン ………… 45,50,52,92,135,150

ハイリスクエリア（HRA）………… 77,80

バガモヨ港 …………………………… 205

バクー港 …………………………… 142

バスコ・ダ・ガマ …………………… 14

派生需要 …………………………… 1

ハッジ …………………………… 12

ハトシェプスト女王 ………………… 6,7

パドマ架橋 …………………………… 185

パナマ運河 ………… 3,60,65,66,69,72,187

パナマックス ………… 54,65,69,72

ハブ・アンド・スポーク …………… 29,30

バブ・エル・マンデブ海峡 ………… 7,61

パミール高原 ………………………… 147

バム鉄道（バイカルアムール鉄道）
…………………………… 119,128

バルクキャリア ……………………… 62,65

索引

バルト海 …………………………… 132
バレンツ海 ……………………………… 85
バンガロール ……………………… 169,180
バンクーバー港 …………………… 188,198
バンダルアッバース港 ……………… 133
バンニング／デバンニング ………… 161
ハンバントタ港 ……………………… 100
バンプール ……………………………… 27
東アフリカ共同体（EAC）…………… 200
東インド会社 …………………………… 16
ビクトリア湖 ………………………… 206
ビクトリアフォールズ橋 …………… 213
ピパババ港 …………………………… 174
標準軌 …………………………… 105,207
ピレウス港 …………………………… 100
フィーダー ……………………… 29,36,185
フェルガナ盆地 …………………… 143,145
複合一貫輸送 …………………… 24,27,116,187
複合一貫輸送業者（NVOCC）……… 122
物流園区 ………………………………… 97
プノンペン、プノンペン新港
 ……………………………… 157,159,160
プランテーション ……………………… 17
フリュート ……………………………… 16
プリンス・ルパート港 …………… 188,198
ブロックトレイン ………… 123,136,138,139
米国税関統計 ………………………… 193
ベイラ回廊、ベイラ港 …………… 210,216
ベスト・マネジメント・プラクティス
 （BMP）………………………………… 77
ベーリング海 …………………………… 85
偏西風 …………………………………… 15
貿易風 …………………………………… 14
吠える（南緯）40 度台 …………… 16,17

ホジャンド …………………………… 144,145
ホーチミン港 ………………………… 157
北西航路（Northwest Passage）…… 85,86
北西港湾連合（the Northwest Seaport
 Alliance）…………………………… 188
北東航路（Northeast Passage）…… 85,86
北部回廊（東アフリカ）……… 200,201,205
ボストーチヌイ港 ………………… 120,121
保税 …………………………………… 108
保税輸送 …………………………… 160,169
ポチ港 ………………………………… 142
北極海航路（Northern Sea Route）
 ……………………………… 3,85,87,90
北極海の海氷 …………………………… 87
ホットスポット …………………… 80,82
ボツワナ ……………………………… 212
ボルガ＝ドン運河 …………………… 142
ホルゴス …………… 101,135,136,138,151
ホルムズ海峡 …………………………… 53
ホレア …………………………………… 8,9
本船渡条件（FOB）…………………… 26

マ行

マガン・ボート ………………………… 5,6
マチリパトナム港 …………………… 178
マラッカ海峡、マラッカ・シンガポール
 海峡 ……………………… 39,56,74,78,99
マラッカマックス ……………………… 39
満州里 …………………………… 101,117
南コーカサス ………………………… 142
無人搬送車（AGV）………………… 40,41
ムンドラ港 …………………………… 174
メガオペレータ …………………… 150,174
メコン川 …………………………… 152,157,160

メコン広域圏（大メコン圏、GMS）
…………………………………… 4,152,153
メッカ ………………………………… 10
没薬（ミルラ）………………………… 8
モンバサ港……………………… 200,201

ヤ・ラ・ワ行

ヤード ………………………………… 25,26
ヤードクレーン ………………………… 40
ヤードトレーラー ……………………… 40
ヤマル LNG …………………………… 92,93
ヤマル半島……………………………… 91,92
ユーラシア・ランドブリッジ……… 3,124
ユーラシア関税同盟（EACU）……… 134
ユーラシア経済連合（EAEU）……… 134
ユニオン・パシフィック（UP）……… 188
羅津港、ラソンコントランス………… 126
ラッフルズ…………………………… 19
リーファーコンテナ（冷凍／冷蔵コンテ
ナ）……………………………… 178

陸封地域、陸封国…………………………… 3
リフトバレー鉄道会社（RVR）……… 206
臨沂 …………………………………… 114
ルサカ ………………………………… 210
冷凍船 ………………………………… 20
レセップス …………………………… 61,65
レバノン杉 …………………………… 8
レムチャバン港……………………… 155,158
連雲港………………………… 101,132,133
ロイズ（Lloyd's）…………………… 18
ロサンゼルス／ロングビーチ（LA/LB）
港 ………………… 188,189,194,196
ロシア鉄道……………… 106,120,131
ロジスティクス・パーク・シカゴ…… 193
ロックアウト ……………………… 197
倭寇 …………………………………… 75
ワンストップ・インスペクション・ス
テーション（OSIS）……………… 209
ワンストップ・ボーダーポスト
（OSBP）……………………… 200,208

執筆者一覧 _(掲載順・敬称略)

【編　者】

柴崎　隆一（しばさき　りゅういち）／序章、第1章、第4章、第7章コラム、第9章〜第13章、終章

東京大学大学院　工学系研究科システム創成学専攻　准教授、（一財）国際臨海開発研究センター客員研究員

1974年生まれ。東京大学大学院工学系研究科修士課程修了。博士（工学）。東京大学助手、国土交通省国土技術政策総合研究所港湾研究部主任研究官および管理調整部国際業務研究室長、国際臨海開発研究センター研究主幹、この間非常勤で京都大学経営管理大学院客員准教授等を経て、2017年より現職。

【著　者】

アジア物流研究会

東京工業大学花岡伸也教授および東京大学柴崎隆一准教授を共同代表として、2011年の活動開始以来、年に数回の研究会および国内外の現地見学会などを開催。2018年1月現在の会員数72名。

研究会ホームページ　http://www2.kaiyodai.ac.jp/~daisuke/asia/index.html

古市　正彦（ふるいち　まさひこ）／第2章

（独）国際協力機構　国際協力専門員

1958年生まれ。北海道大学大学院工学研究科・Northwestern University大学院修士課程修了。博士（工学）。運輸省、国土交通省、（財）国際臨海開発研究センター、（財）運輸政策研究機構、（独）港湾空港技術研究所、（独）国際協力機構、京都大学経営管理大学院特定教授、この間非常勤で熊本大学客員教授、国際港湾協会（IAPH）計画・開発専門委員会副委員長等を務め、2017年より現職。

鳥海　重喜（とりうみ　しげき）／第3章
中央大学　理工学部情報工学科　准教授
1974年生まれ。中央大学大学院理工学研究科博士課程後期課程修了。博士（工学）。独立行政法人海上技術安全研究所任期付研究員、中央大学理工学部助教、カリフォルニア大学サンタクルーズ校客員研究員等を経て、2014年より現職。

渡部　大輔（わたなべ　だいすけ）／第5章
東京海洋大学学術研究院　流通情報工学部門　准教授
1976年生まれ。筑波大学大学院博士課程システム情報工学研究科修了。博士（工学）。独立行政法人海上技術安全研究所研究員、東京海洋大学海洋工学部助教、カリフォルニア大学サンタバーバラ校客員研究員等を経て、2011年より現職。

石黒　一彦（いしぐろ　かずひこ）／第6章
神戸大学大学院　海事科学研究科　准教授
1971年生まれ。東北大学大学院情報科学研究科修士課程修了。博士（学術）。東北大学大学院助手、神戸商船大学講師、神戸大学大学院講師、アリゾナ州立大学客員研究員等を経て、2009年より現職。

町田　一兵（まちだ　いっぺい）／第7章
明治大学　商学部　准教授
1970年生まれ。明治大学商学研究科博士課程修了。博士（商学）。株式会社日通総合研究所経済研究部研究員を経て、2011年より明治大学商学部専任講師、2015年より現職。

新井　洋史（あらい　ひろふみ）／第8章、第9章
（公財）環日本海経済研究所　調査研究部長・主任研究員
1965年生まれ。東京大学大学院工学系研究科修士課程修了。新潟県庁採用後、ロシア極東語学研修、港湾空港局勤務、経済企画庁派遣、環日本海経済研究所派遣などを経て、2008年環日本海経済研究所入所。2015年より現職。

鳩山　紀一郎（はとやま　きいちろう）／第8章コラム

長岡技術科学大学　産学融合トップランナー養成センター　産学融合特任准教授

1976年生まれ。東京大学大学院工学系研究科修士課程修了。博士（工学）。東京大学助手および助教、モスクワ大学ビジネススクール招待講師、日露青年交流事業若手研究者フェローシップ2009年度フェロー、東京大学講師、東北大学ロシア交流推進室特任准教授（客員）を経て、2017年より現職。

加藤　浩徳（かとう　ひろのり）／第9章

東京大学大学院　工学系研究科社会基盤学専攻　教授

1970年生まれ。東京大学大学院工学系研究科修士課程修了。博士（工学）。東京大学助手、（財）運輸政策研究機構調査役、東京大学専任講師、助教授、准教授、アジア工科大学（AIT）客員准教授・教授、スイス連邦工科大学（ETH）チューリッヒ校客員研究員等を経て2013年より現職。

川崎　智也（かわさき　ともや）／第11章、第13章

東京工業大学　環境・社会理工学院融合理工学系　助教

1984年生まれ。東京工業大学大学院理工学研究科博士課程単位取得退学。博士（工学）。公益財団法人日本海事センター研究員、日本大学理工学部助教を経て、2016年より現職。

松田　琢磨（まつだ　たくま）／第12章

公益財団法人日本海事センター　企画研究部　主任研究員

1973年生まれ。東京工業大学大学院理工学研究科博士課程単位取得退学。博士（学術）。関東学院大学非常勤講師、財団法人日本海事センター非常勤研究員、横浜市立大学非常勤講師、立教大学兼任講師を経て、2018年より現職。

グローバル・ロジスティクス・ネットワーク
〜国境を越えて世界を流れる貨物〜

定価はカバーに表示してあります。

2019年2月18日	初版発行
2020年4月18日	再版発行

編　者　柴崎　隆一

著　者　アジア物流研究会

発行者　小川　典子

印　刷　亜細亜印刷株式会社

製　本　東京美術紙工協業組合

発行所 株式会社 成山堂書店

〒160-0012　東京都新宿区南元町4番51　成山堂ビル

TEL:03(3357)5861　　FAX:03(3357)5867

URL　http://www.seizando.co.jp

落丁・乱丁本はお取り換えいたしますので、小社営業チーム宛にお送り下さい。

ⓒ2019 Ryuichi Shibasaki

Printed in Japan

ISBN 978-4-425-93161-3